AF477349

Claus Brunsmann
DISTORTED MEMORIES OF NATURE

KERBER ART

Claus Brunsmann
DISTORTED MEMORIES OF NATURE

Herausgegeben von / edited by
Esther Schulte und / and Alexander Sairally

Texte von / texts by
Stefan Winter und / and Alexander Sairally

There was a poster at the top of the street,
Encapsulated in plastic,
It had a blind man.

So I said: "Blind man, have mercy on me."
I said: "Blind man, have mercy on me."

The Fall, BLINDNESS

"His pictures have a feeling of free material and gestural abstraction.
They transmit, with great energy and a particular aesthetic elegance,
subjective emotional charge as well as images full of values linked to
sublimated and distorted memories of nature."

Francesco Poli, TEMA CELESTE

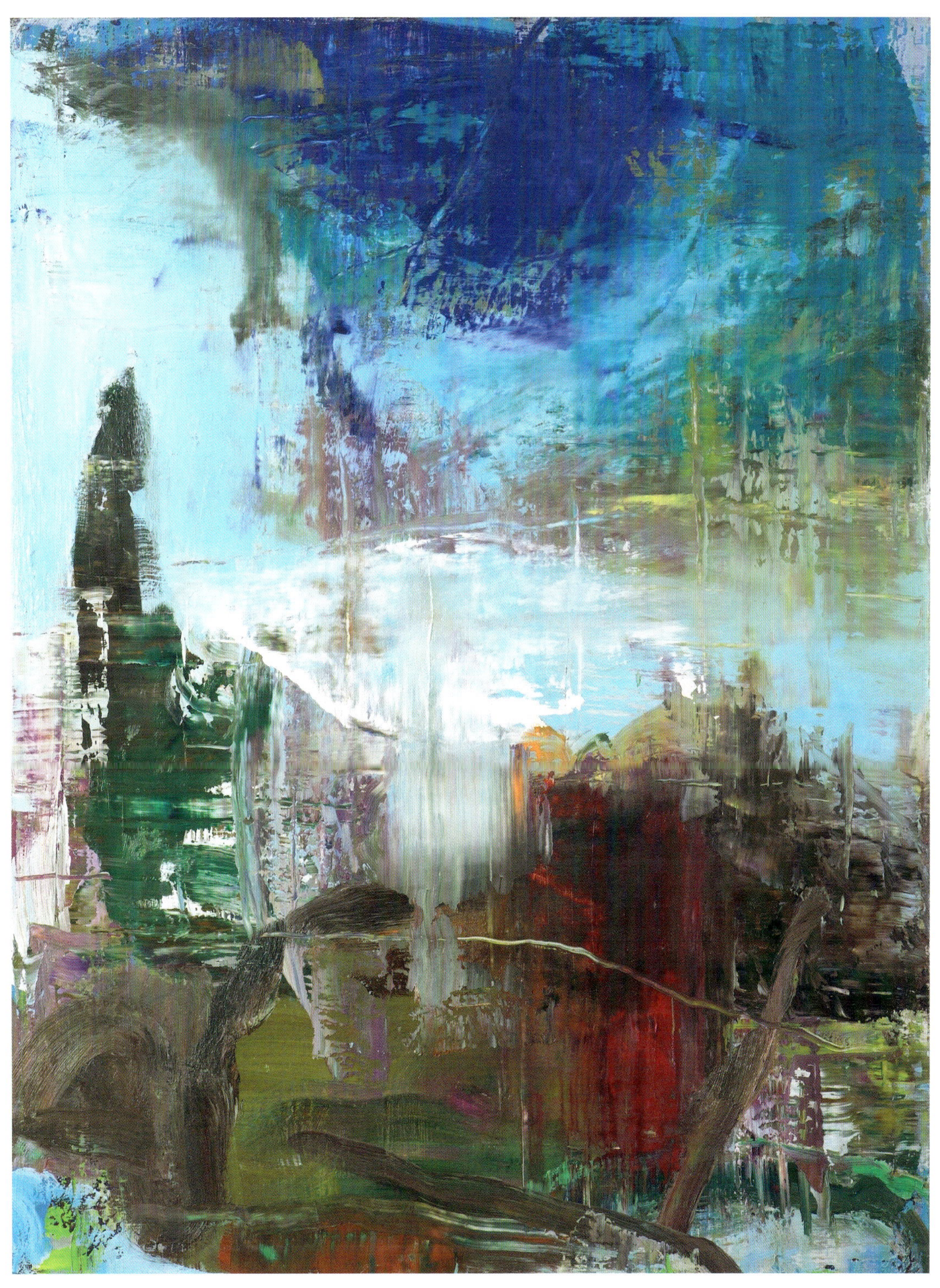

Ohne Titel
2011
Öl auf Leinwand / oil on canvas
120 x 91 cm

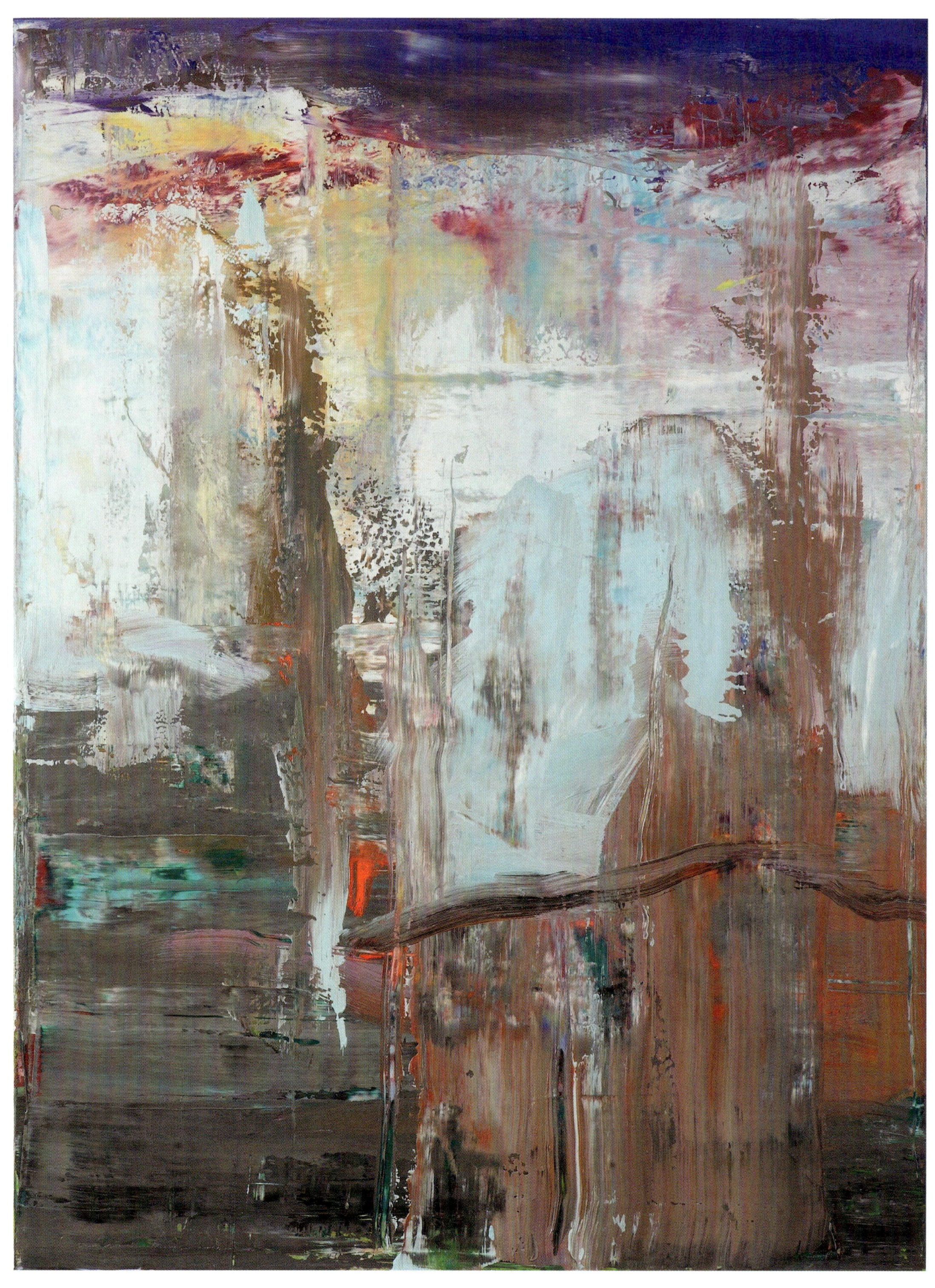

Ohne Titel
2011
Öl auf Leinwand / oil on canvas
120 x 91 cm

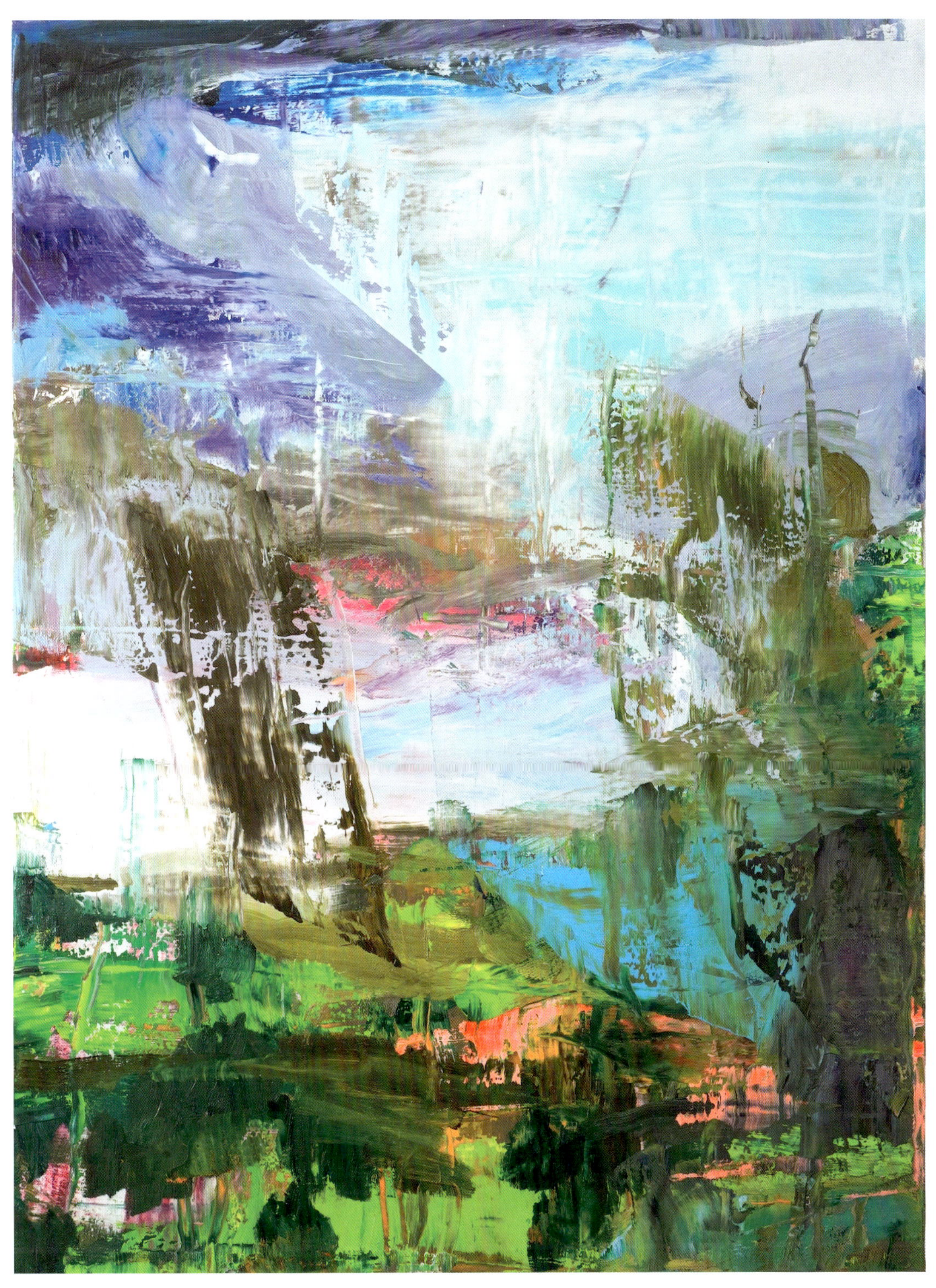

Ohne Titel
2011
Öl auf Leinwand / oil on canvas
120 x 91 cm

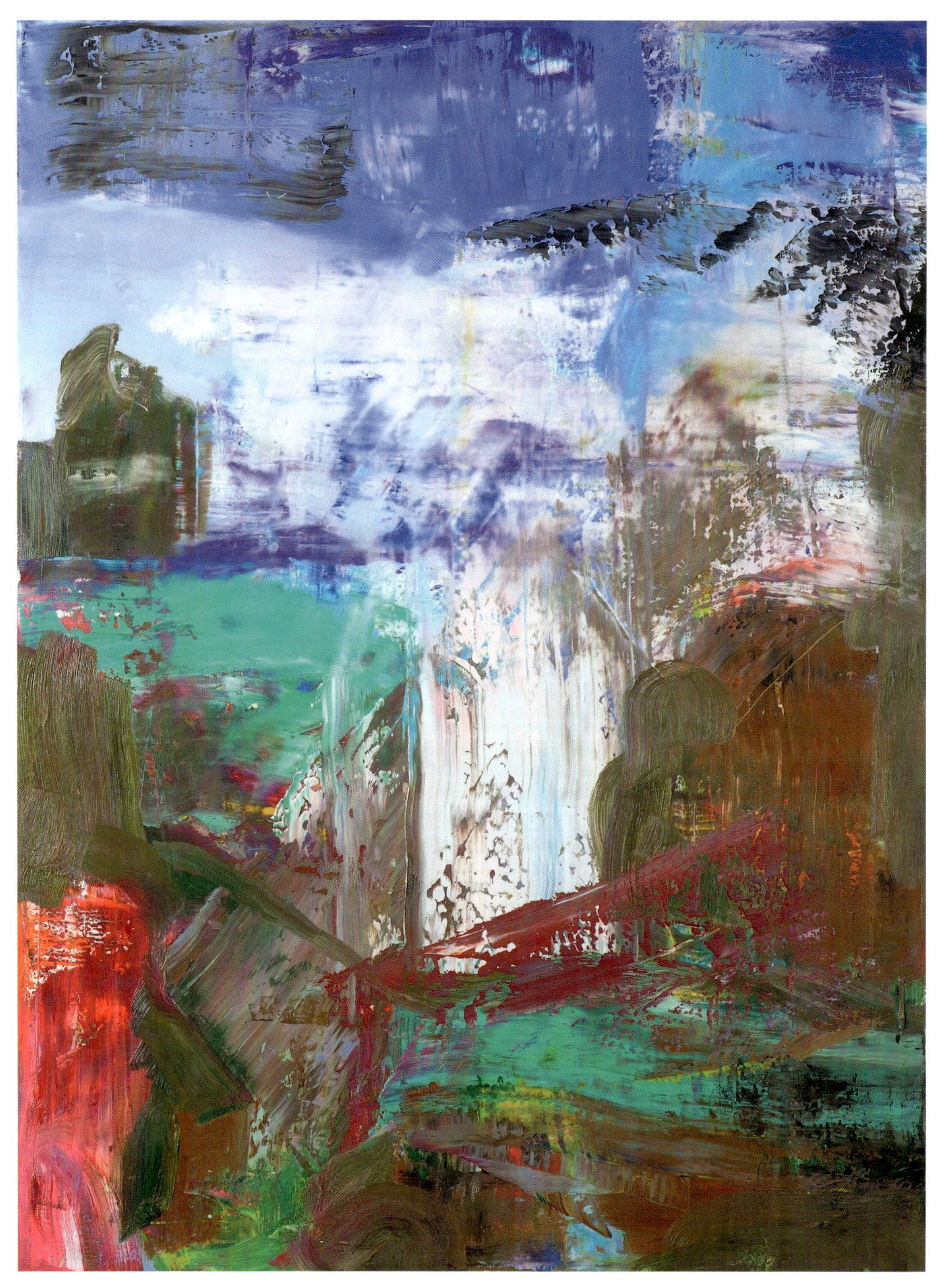

Ohne Titel
2011
Öl auf Leinwand / oil on canvas
120 x 91 cm

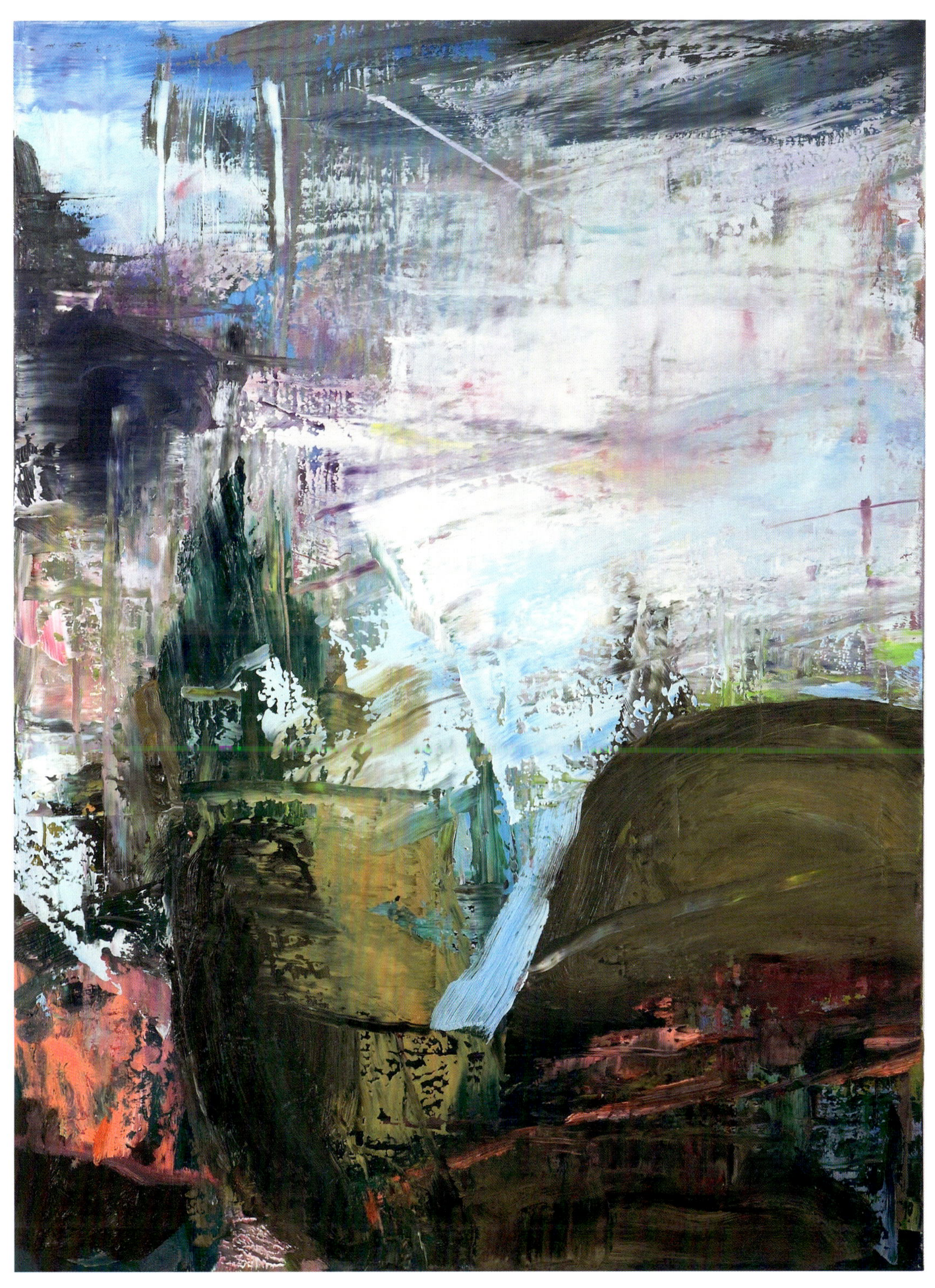

Ohne Titel
2011
Öl auf Leinwand / oil on canvas
120 x 91 cm

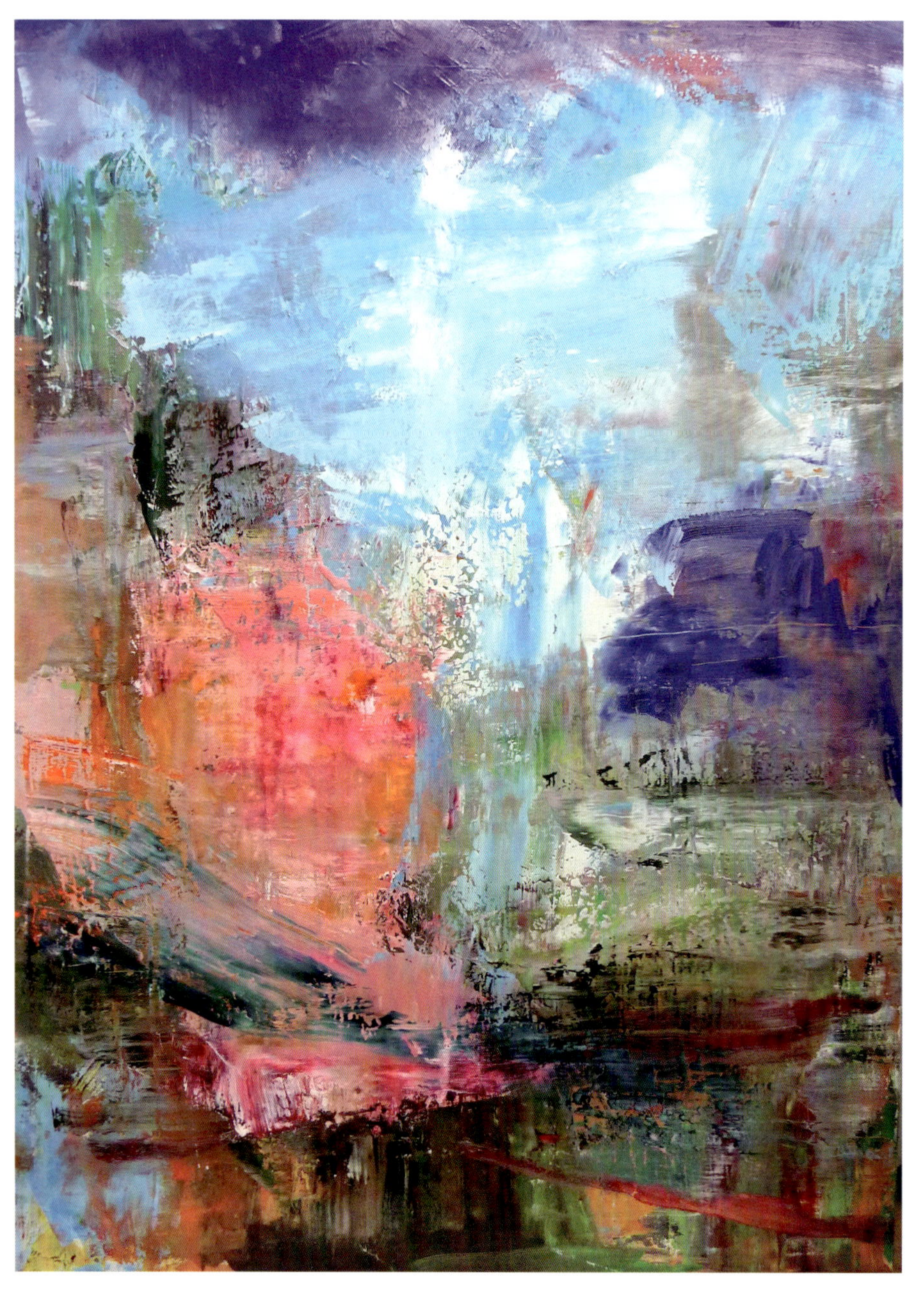

Ohne Titel
2012
Öl auf Leinwand / oil on canvas
190 x 140 cm

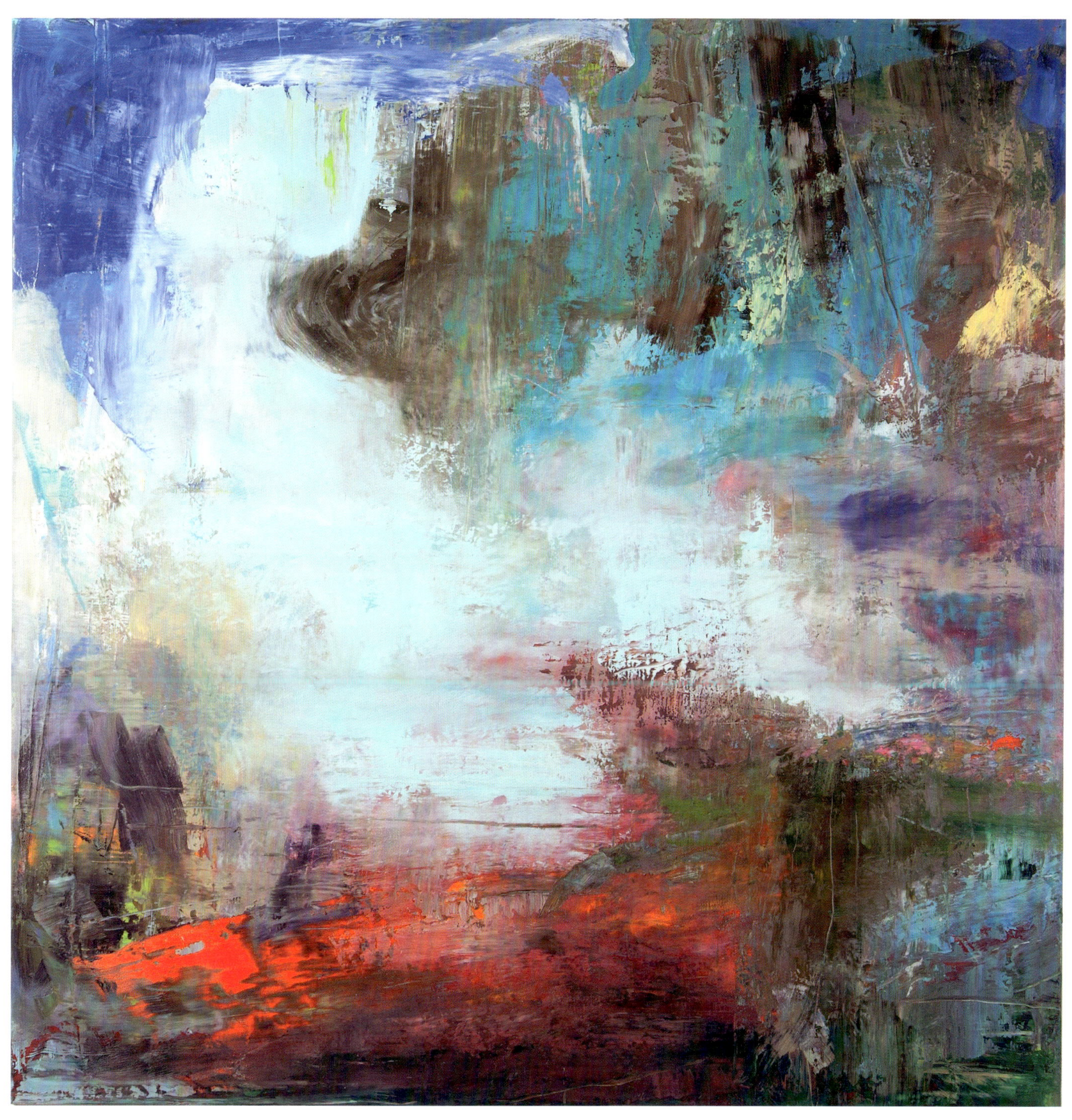

Ohne Titel
2012
Öl auf Leinwand / oil on canvas
200 x 200 cm

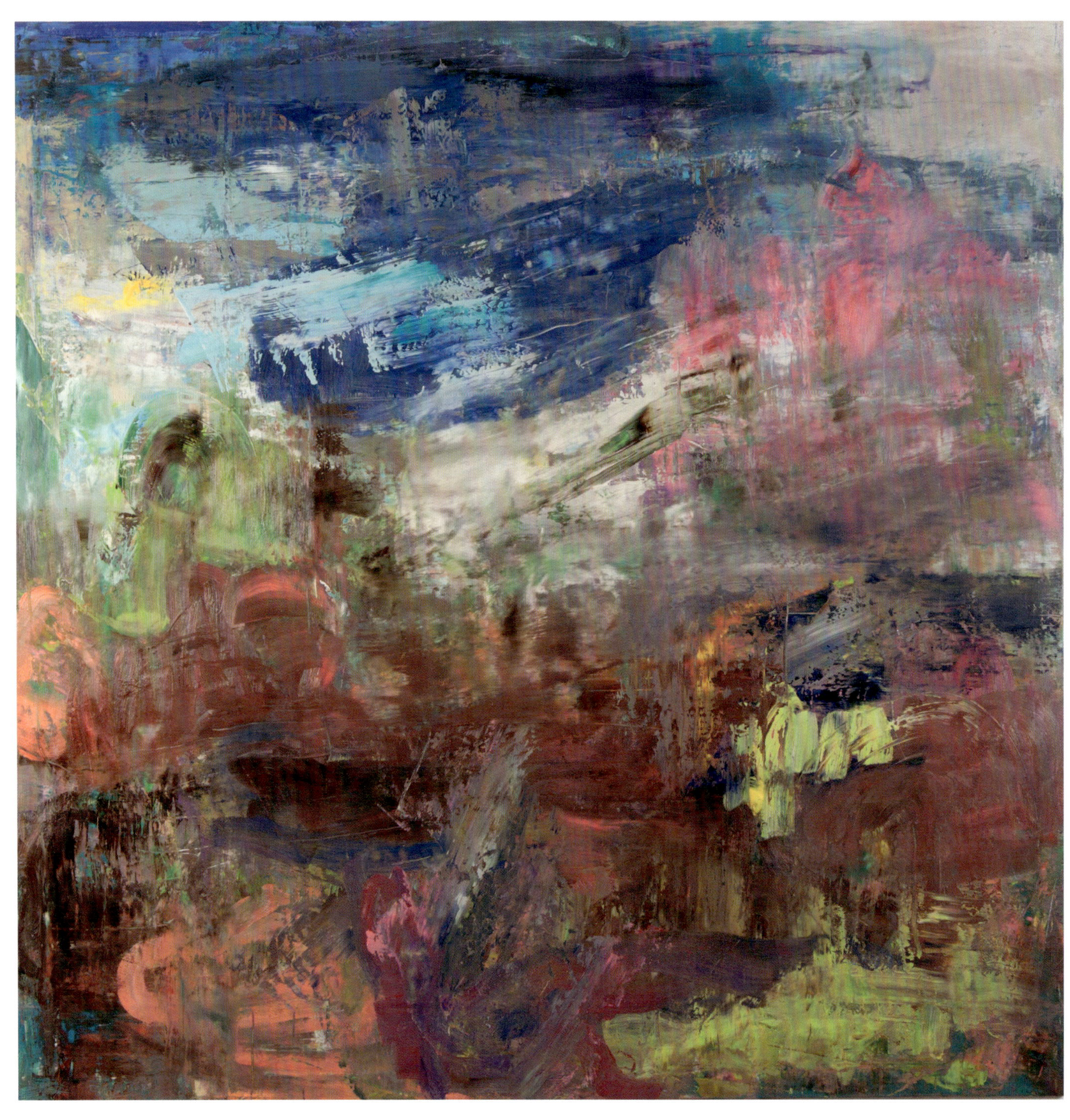

Ohne Titel
2012
Öl auf Leinwand / oil on canvas
200 x 200 cm

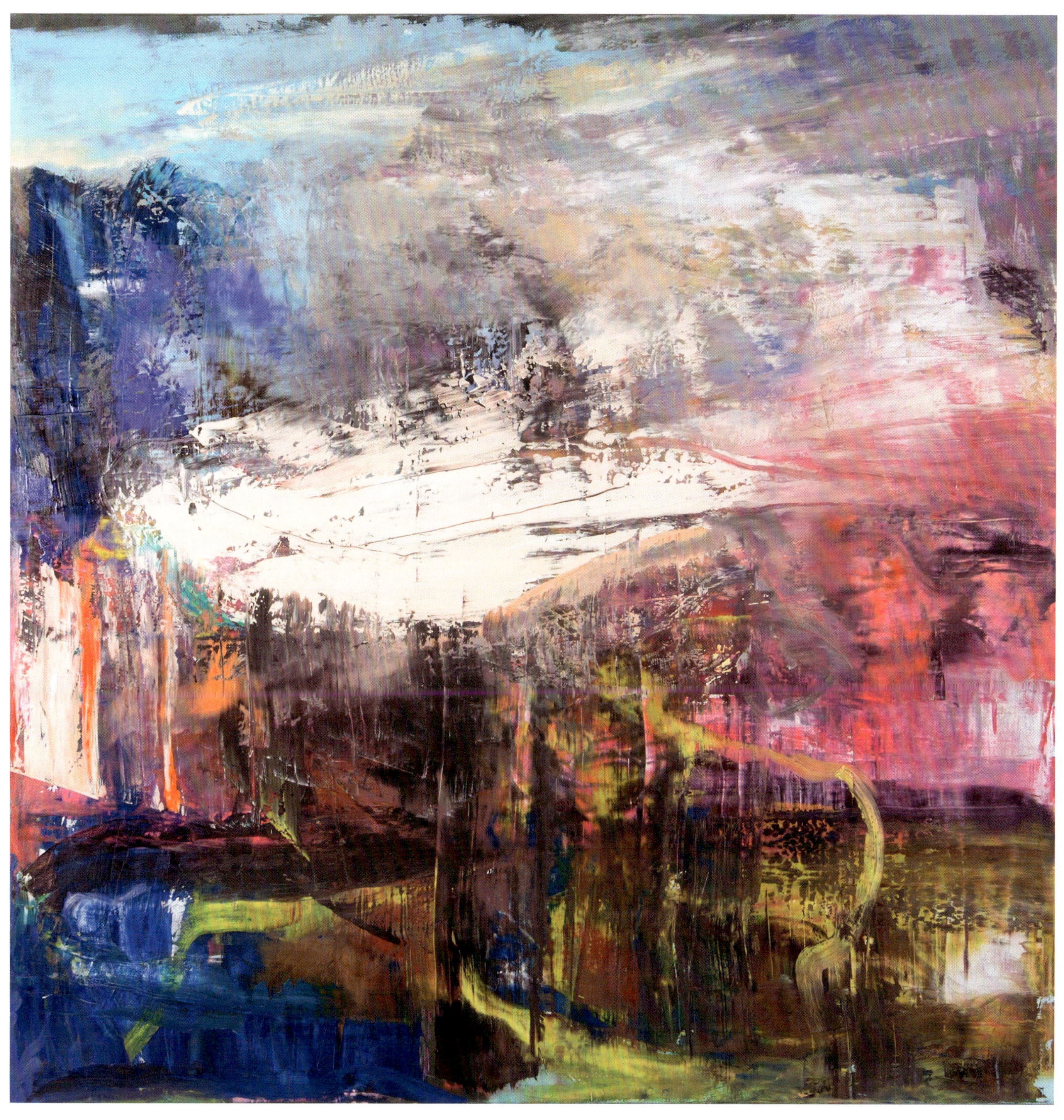

Ohne Titel
2012
Öl auf Leinwand / oil on canvas
200 x 200 cm

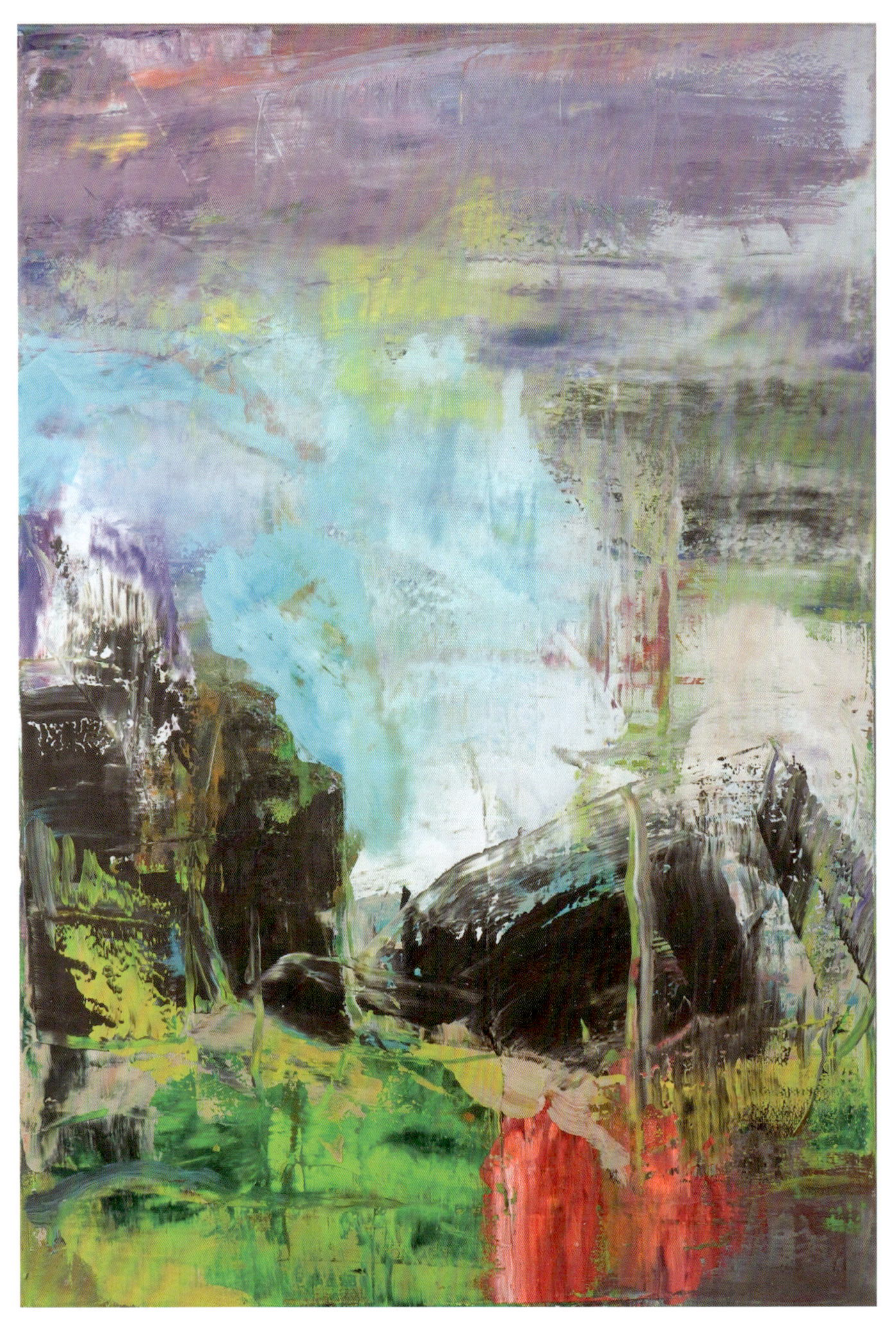

Ohne Titel
2011
Öl auf Leinwand / oil on canvas
120 x 91 cm

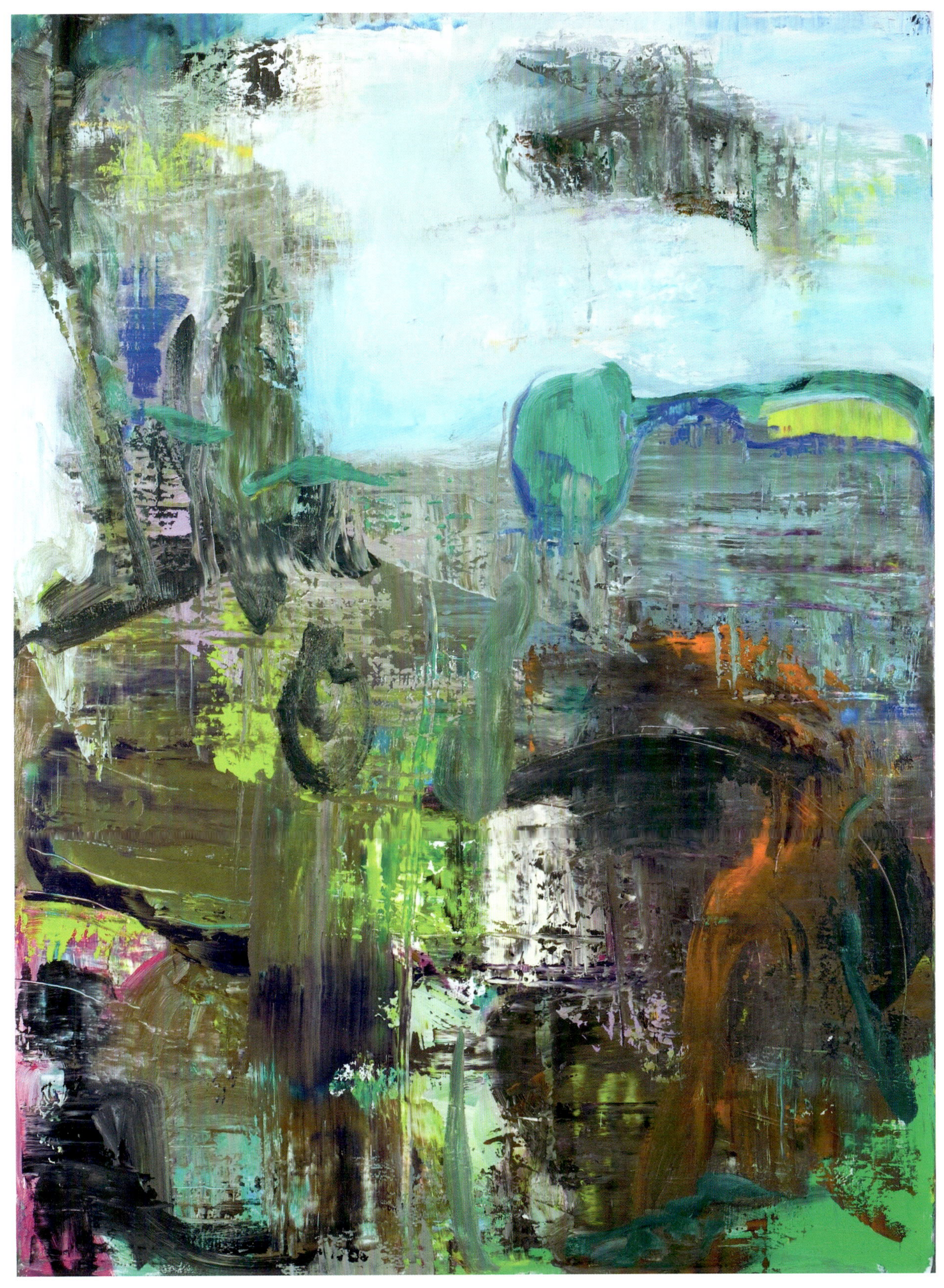

Ohne Titel
2011
Öl auf Leinwand / oil on canvas
200 x 150 cm

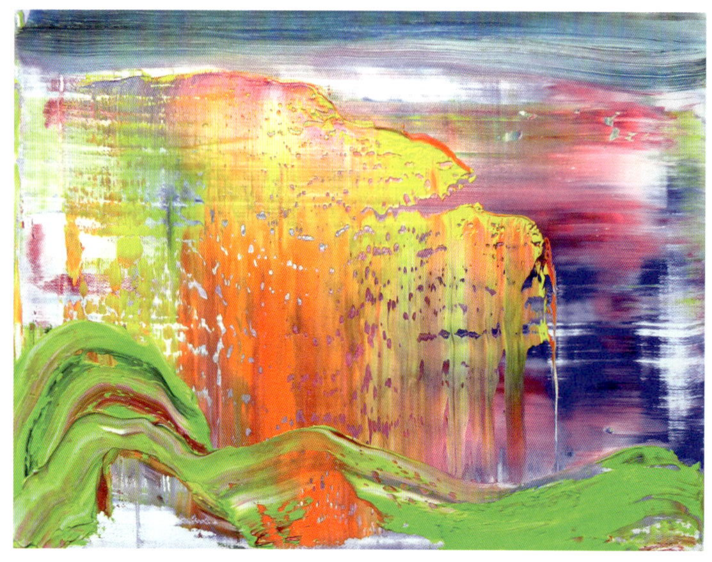

Ohne Titel
2012
Öl auf Leinwand / oil on canvas
30 x 40 cm

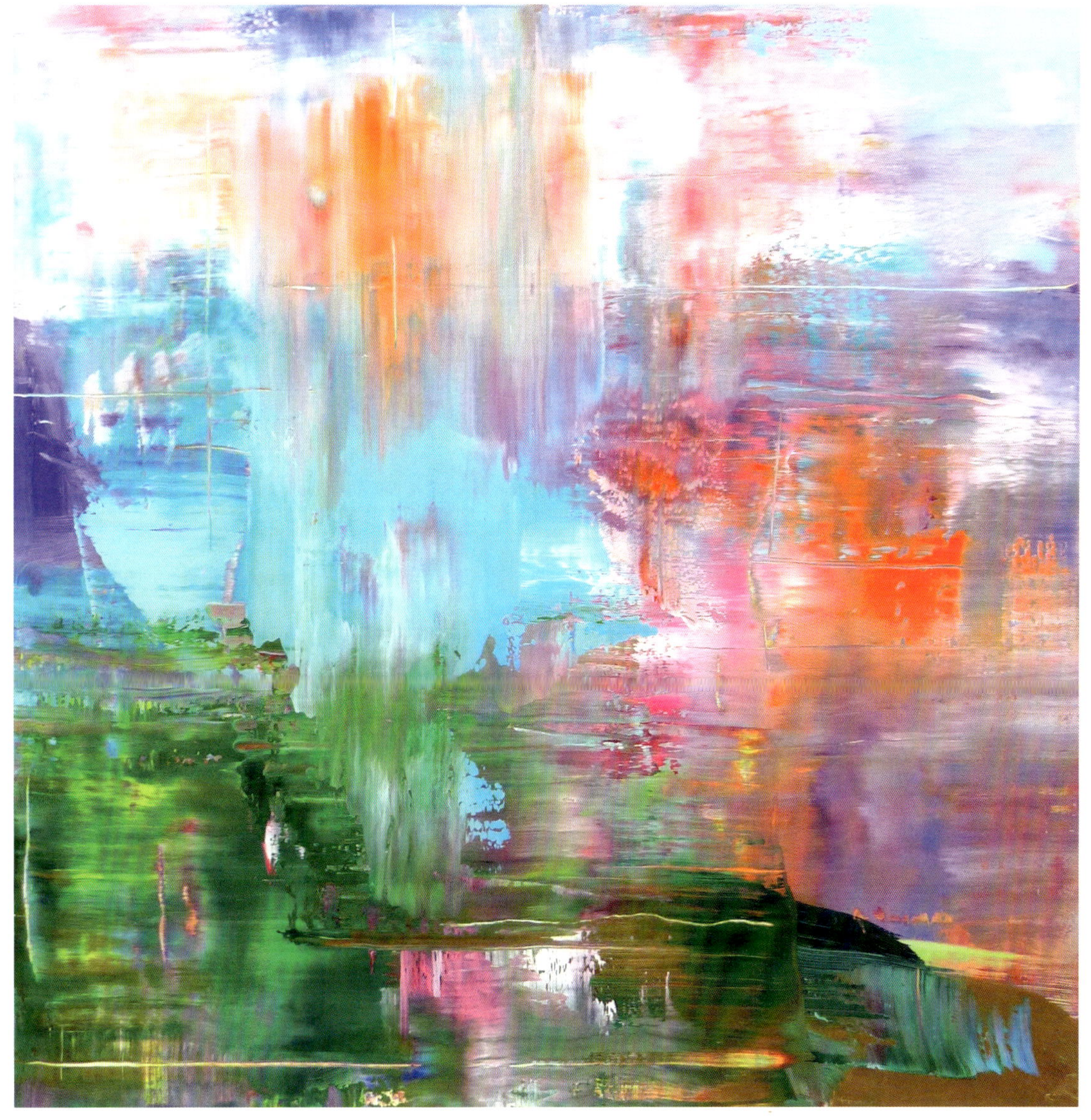

Ohne Titel
2012
Öl auf Leinwand / oil on canvas
91 x 91 cm

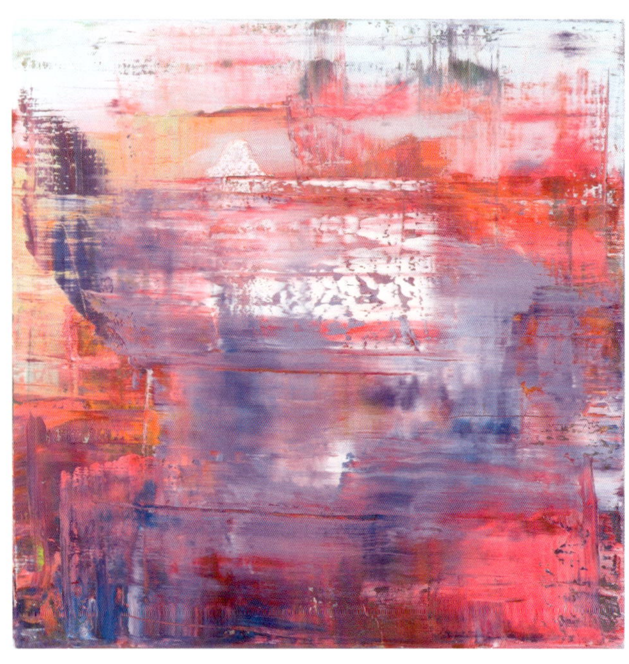

Ohne Titel
2012
Öl auf Leinwand / oil on canvas
91 x 91 cm

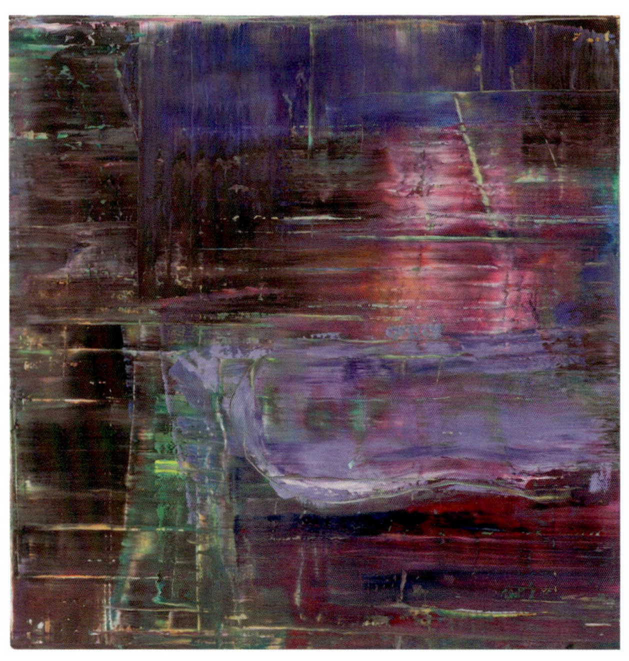

Ohne Titel
2012
Öl auf Leinwand / oil on canvas
91 x 91 cm

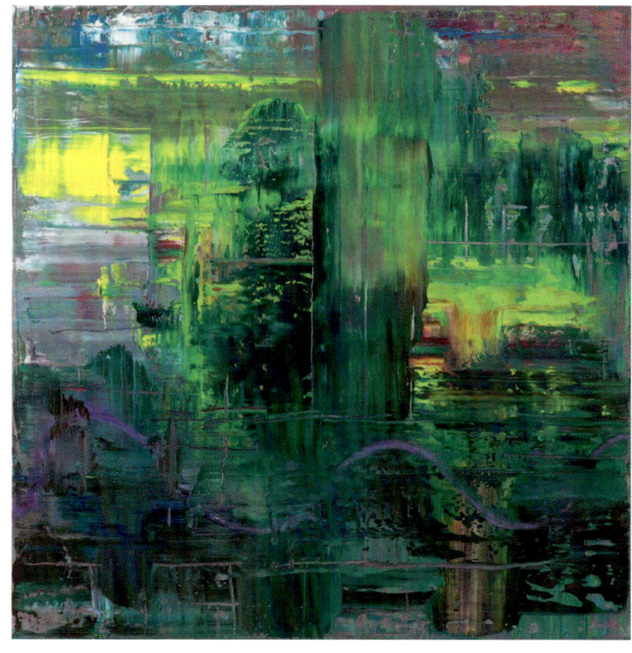

Ohne Titel
2012
Öl auf Leinwand / oil on canvas
91 x 91 cm

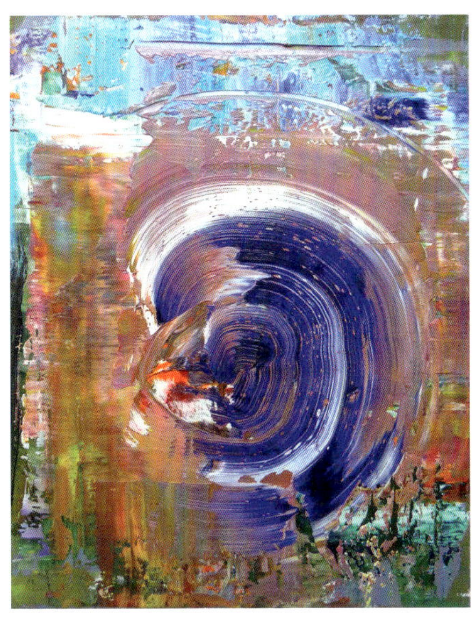

Ohne Titel
2012
Öl auf Leinwand / oil on canvas
40 x 30 cm

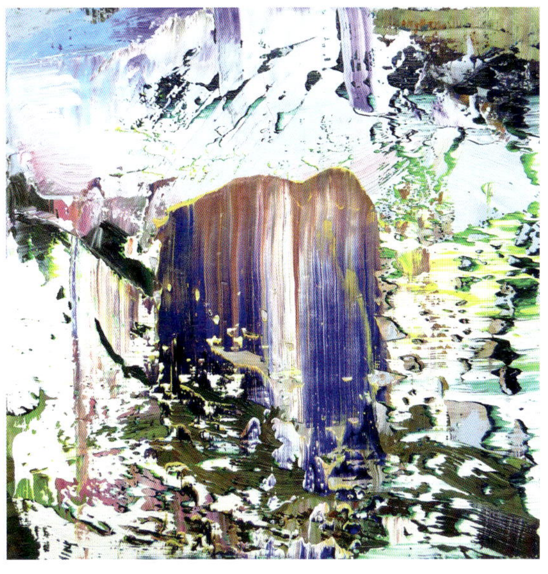

Ohne Titel
2012
Öl auf Leinwand / oil on canvas
30 x 30 cm

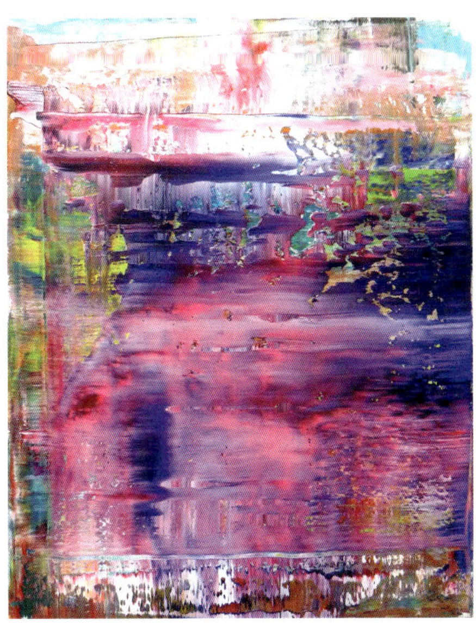

Ohne Titel
2012
Öl auf Leinwand / oil on canvas
50 x 40 cm

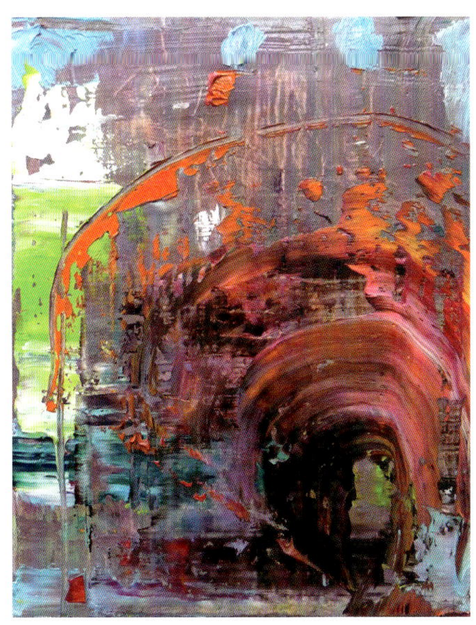

Ohne Titel
2012
Öl auf Leinwand / oil on canvas
30 x 24 cm

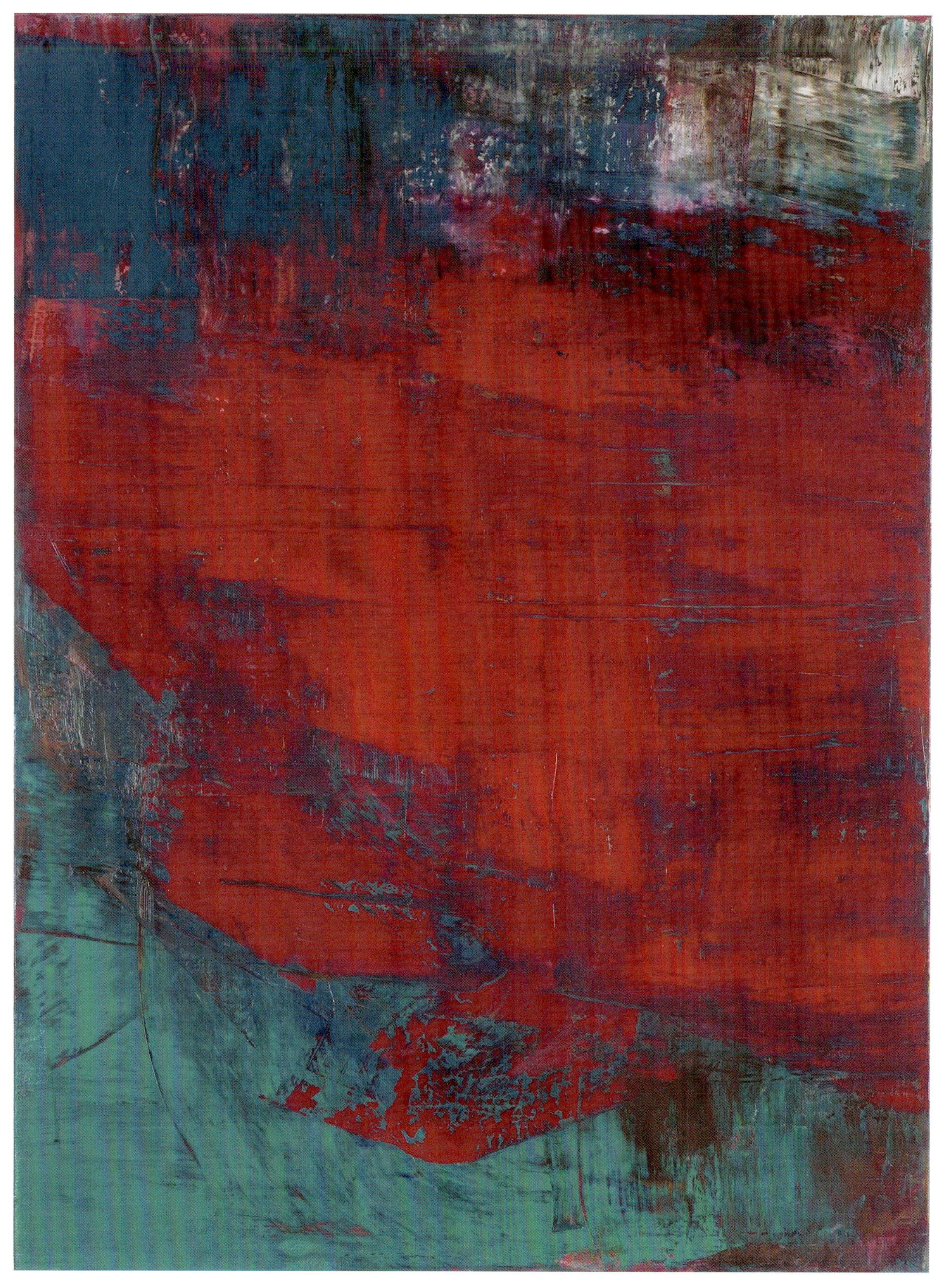

Ohne Titel
2001
Öl auf Leinwand / oil on canvas
140 x 105 cm

VOM NULLPUNKT DER BEDEUTUNG ZUM ERSCHEINEN DER GESTALT

von Stefan Winter

In einer langen Bewegung, die mit dem Anfang der Moderne einsetzt, hat die Malerei sich aus der Repräsentation des Gegenständlichen gelöst und ein Diesseits der Bedeutung aufgeschlossen. Als sie anfängt, dieses Diesseits zu erkunden, die Farben und die Formen für sich zu befragen, kennt sie darin immer nur zwei Wege:

In der einen Richtung geht die Malerei von einer selbst nicht darstellbaren Quelle aus; sie umkreist einen Anfang, aus dem noch alles entspringen kann, zeigt in der Farbe die Möglichkeiten der Bedeutung. Das Kunstwerk zieht sich dann in die Distanz zurück, lädt sich religiös auf und wendet sich an den Betrachter in einer Geste der Autorität: Malewitsch zeigt die nackte Ikone, das schwarze Quadrat in einer Art, in der es eine Form der Anbetung erfordert.

In der anderen Richtung zeigt die Malerei Farbformen in der Fläche so, wie sie früher Gegenstände präsentiert hat. Kandinsky baut aus den Verhältnissen der Farben eine Grammatik der Ausdrucksformen auf, Mondrian stellt in Farbflächen eine Welt vor der Erscheinung dar.

Der Betrachter macht die Farbe selbst im Bild zum Gegenstand, oder das Bild bezieht sich umgekehrt auf ihn im Ton des Imperativs: Auch wenn es einen Wechsel in der Richtung geben kann, wie Rothko oder Newman zeigen, bleibt die abstrakte Malerei der klassischen Moderne bei diesen beiden Möglichkeiten. In der Berührung eines Nullpunkts der Bedeutung ist sie fast ausschließlich religiös besetzt, in der Distanz der Bilder zum Betrachter zeigt sie fast ausnahmslos Gestalten des Erhabenen.

Nach dem Krieg haben Burri, Fontana und die Zero-Gruppe den erhabenen Charakter des Abstrakten aufgelöst; Maler wie Palermo haben später das religiöse Pathos aus der Farbe genommen, ihr etwas Leichtes, Schwebendes gegeben; das Informel hat dazu angesetzt, Bewegung in die Malerei zu tragen. Aber auch diese neuen Formen haben keinen Dialog mit dem Betrachter, keinen Austausch eingeräumt. Lange Zeit hatte die abstrakte Malerei etwas Bewegungsloses.

TRANSPORTER / RECORDER

Claus Brunsmann bricht mit dieser alten Statik des Abstrakten in den Bilderzyklen, die er von 1997 bis 2000 in Ahaus, Belgrad, Düsseldorf und Mailand gezeigt hat. Diese Malerei bejaht die Zeit, zieht den Betrachter in eine zeitliche Bewegung. In der Spannung und der Poesie divergierender Farbsysteme zeigt sie nichts Gegenständliches, lässt aber eine Räumlichkeit erscheinen, die sich im Prozess des Sehens aufbaut, kippt und sich neu wieder bildet – die Bewegung trägt etwas Narratives in sich, in der Zeitspur zeichnet sich der Anfang einer Geschichte ab.

FROM DEGREE ZERO OF MEANING TO THE EMERGENCE OF FORM

by Stefan Winter / *Translation by Sean Gallagher*

In a lengthy process that began with the onset of modernism, painting disconnected from objective representation and became open to a sphere anterior to meaning. As it began to explore this anteriority, to question colour and form on their own merits, it followed only two paths:

Along one of these, painting assumed a source that itself could not be represented; it circled around a beginning from which everything could still emanate, displaying the possibilities of meaning in its paint. The artwork then withdrew into the distance, became charged with a religious quality, and turned towards the viewer in a gesture of authority: Malevich presented the naked icon, the black square, in a manner which called for a form of worship.

Along the second path, painting presented coloured forms on the canvas in the same way it had previously presented objects – Kandinsky constructed a grammar of expressive forms from the relationships between colours, while Mondrian used coloured planes to depict a world before the manifestation.

The viewer himself makes colour an object in the painting, or conversely the painting turns to him in a tone of the imperative. Even though there can be a change in direction, as shown by Rothko and Newman, the abstract painting of classical modernism holds to these two possibilities. In touching upon a degree zero of meaning, it is almost exclusively religiously imbued, and in the distance existing between paintings and viewers it almost invariably displays forms of the sublime.

After the war, Burri, Fontana and the Zero Group dispelled the sublime character of abstraction. Painters such as Palermo later took the religious pathos out of the paint, giving it something light and floating; the painters of the Informal additionally began to bring motion to painting. Yet even these new forms allowed no dialogue or exchange with the viewer. For a long time abstract painting had something motionless about it.

TRANSPORTER / RECORDER

Claus Brunsmann broke with this former motionlessness of abstraction in the cycle of paintings he exhibited in Ahaus, Belgrade, Düsseldorf and Milan between 1997 and 2000. These paintings embraced time, and pulled the viewer into a temporal motion. They portray nothing concrete in the tension and poetry of their divergent colour systems, but allow a spatiality to appear that develops in the process of viewing, and then slips away only to emerge once again. The motion holds some narrative character, and the beginnings of a story emerge from its time trace.

Im Kern ihrer Arbeit erforschen beide Zyklen die Verhältnisse der Farben, ihre Kontraste, Spannungen und Harmonien, aber auch Momente der Indifferenz, in denen Farben, die einander ähnlich sind, einen Moment erschwerter Sichtbarkeit erreichen – eine *twilight zone*, in der sie gleichsam grau werden, in einem blinden Augenblick verschwinden, aber plötzlich auch ganz tief sein können, als Farben anwesend sind. Es ist ein Gravitieren ohne Zentrum, in dem der Maler seine Effekte kalkuliert und zugleich die Farbe freisetzt in ein Spiel, das nicht mehr an Bedeutungen gebunden ist. Aus der Textur der Farben heben sich räumliche Unterschiede ab, aus ihrer Spannung entsteht etwas Massiges, der Ansatz einer plastischen Form, die zurücksinkt in die Farbe, bevor sie feste Dimensionen annimmt, und dann anders wieder neu entsteht.

Dieses Spiel der Farbe ist komplex genug, um Vorstellungsbilder aufzurufen, Landschaften, Szenerien. „Die Nachmittage einer Küstenstadt des Nordens", schreibt Jannis Kounellis, „haben das Besondere an sich, dass das Wasser, das die Boote und die Landschaft widerspiegelt, die Farbe jenes Venedig annimmt, wie es die Maler des 19. Jahrhunderts auf ihren Italienreisen in Aquarellen festgehalten haben. Diese Farbe ist bis in die letzten Ecken der Leinwand durchtränkt und erlebt, sie wird von Claus Brunsmann, einem ganz neuen Maler, immer wieder in den Tönen dieser Nachmittagsstunde aufgegriffen und schichtweise aufgetragen, und zwar keineswegs aus Unsicherheit oder Methode, sondern weil das Überziehen der Leinwand mit zum Teil dickflüssigen Farben ein Ritus ist, den seine Vorstellungswelt dem Schicksal als Lebensgrundlage abverlangt." Die Szenerien, die aus dem Farbspiel dieses Ritus aufsteigen, verwandeln sich, mutieren auf einem langen Weg durch die Landschaft: „Wenn die Voraussetzungen diejenigen sind, die die Bilder selbst nahe legen, so muss das Ziel unmittelbar hinter der Ecke liegen, oder gleich danach, auf der Schattenseite der Straße, wo sich die stillgelegte Fabrik am Hafenkai im grauen Wasser spiegelt." [1] Am Ende wird das Wasser des Hafens zum grauen Terpentinsee des Malers, ähnlich wie in Mallarmés Gedicht *Salut* die helle Oberfläche des Meers zuletzt das Weiß der Seite ist, das von den Buchstaben auf der Reise in ein Vorstellungsbild angeschnitten wird. Auch die Malerei geht hier in einer doppelten Bewegung vorwärts und zurück, wenn sie eine Überkreuzung im Fleisch der Welt berührt, aus der sich Sehender und Gesehenes als zwei getrennte Pole abheben, bilden.

At the heart of their work, both cycles investigate the relationships between colours, their contrasts, their inner tensions and harmonies, but also investigate periods of indifference in which colours similar to one another briefly become more difficult to see – a *twilight zone* in which they almost become grey or disappear in a blind moment, but can suddenly also have great depth and immediacy as colour. It is a form of gravitation without a centre, in which the painter calculates his effects and simultaneously sets the colour free in a game no longer tied to meaning. Out of the texture of the colours arise spatial variations, and from the tension between them emerges something substantial, the beginnings of a plastic form, which sinks back into the paint before taking on solid dimensions, to then re-emerge as something else again.

This interplay of colour is complex enough to invoke imagined images, landscapes and sceneries. "The afternoons of a northern coastal city", wrote Jannis Kounellis, "have the special characteristic that the water reflecting the boats and landscape assumes the colour of that Venice as recorded in aquarelle by 19th century painters during their Italian travels. This colour soaks into and is felt in the farthest corners of the canvas: it is taken up and applied in layers again and again by Claus Brunsmann, a brand new painter, in the tones of these afternoon hours. This is done by no means out of uncertainty or method, but because coating the canvas with sometimes quite viscous paint is a ritual demanded by the world of his imagination from fate as a basis of existence." The scenes that arise from this ritual's interplay of colour change and mutate on a long journey through the landscape: "If the assumptions are those suggested by the paintings themselves, then the destination must lie right around the corner, or shortly thereafter, on the shadowy side of the street, where the abandoned factories on the harbour wharfs reflect in the grey water." [1] Finally the water of the harbour becomes the painter's grey turpentine sea, similar to the way the ocean's bright surface in Mallarmé's poem *Salut* is ultimately the white of the page, pierced by letters of the alphabet on a journey into an imaginary scene. Painting also shifts backward and forward in a twofold motion here, when it encounters a junction in the flesh of the world, from which viewer and viewed emerge or form as two separate poles.

[1] *Jannis Kounellis, Hydra, 1997.*

[1] *Jannis Kounellis, Hydra, 1997.*

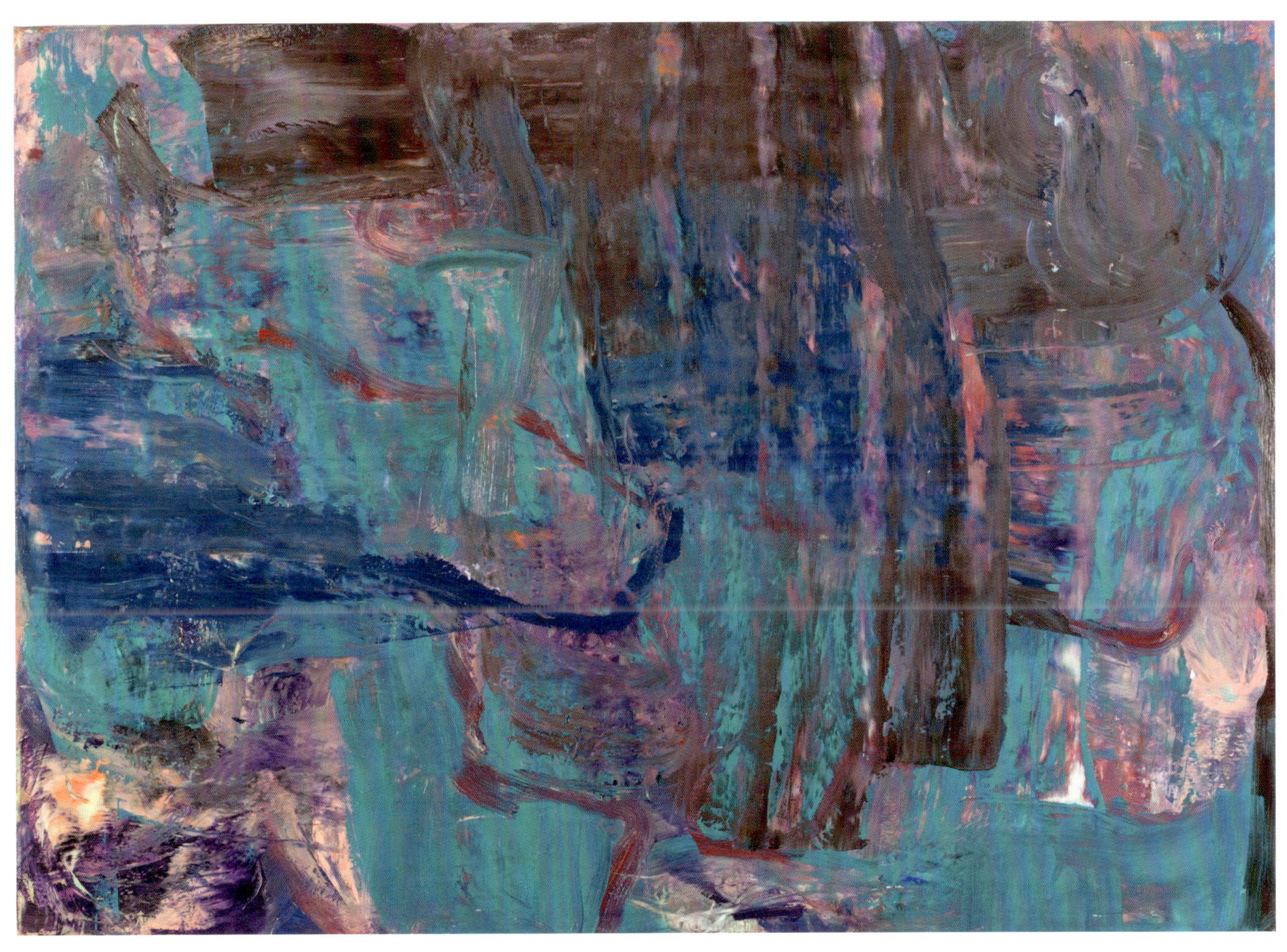

Ohne Titel
2001
Öl auf Leinwand / oil on canvas
140 x 190 cm

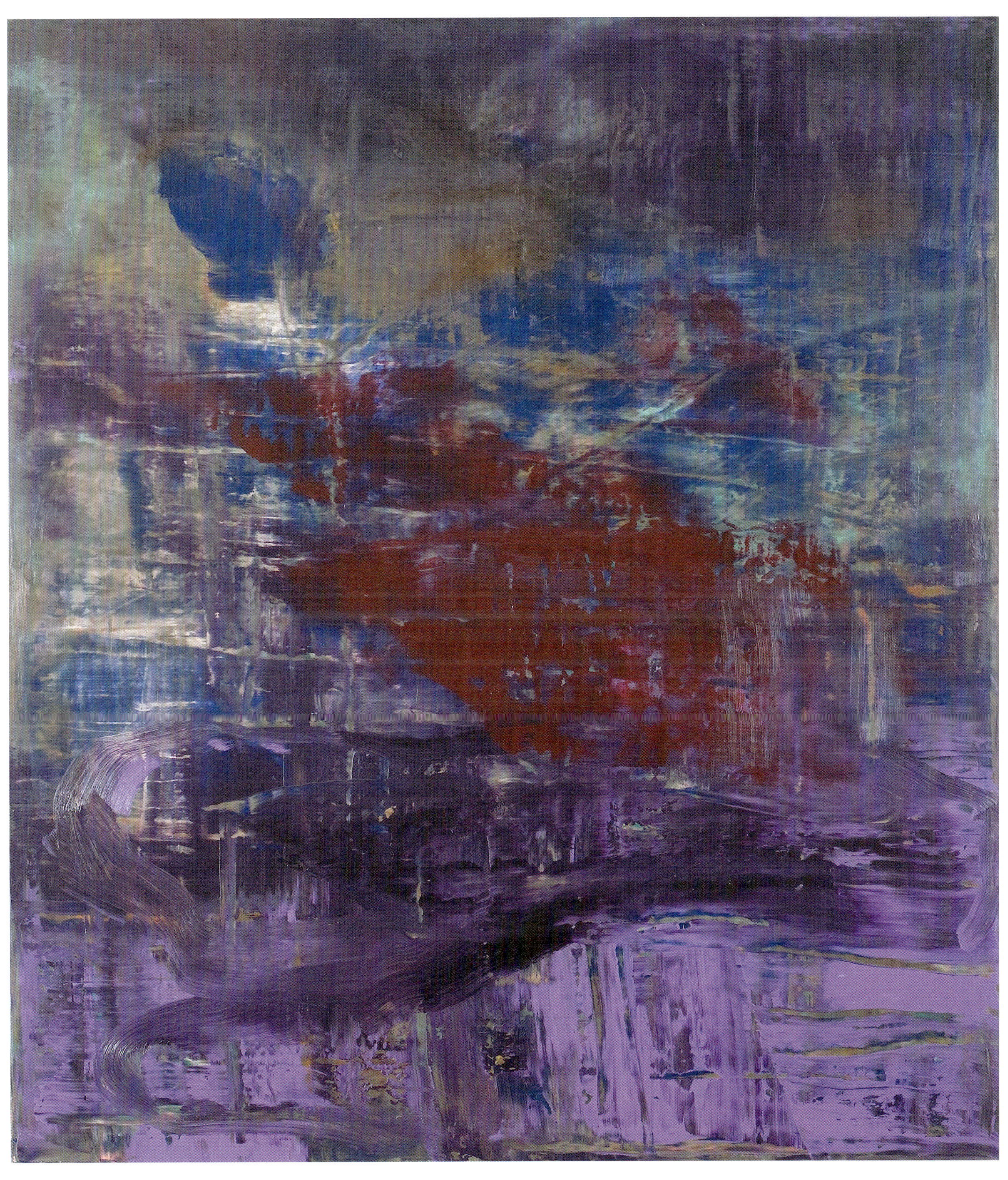

Ohne Titel
2001
Öl auf Leinwand / oil on canvas
130 x 115 cm

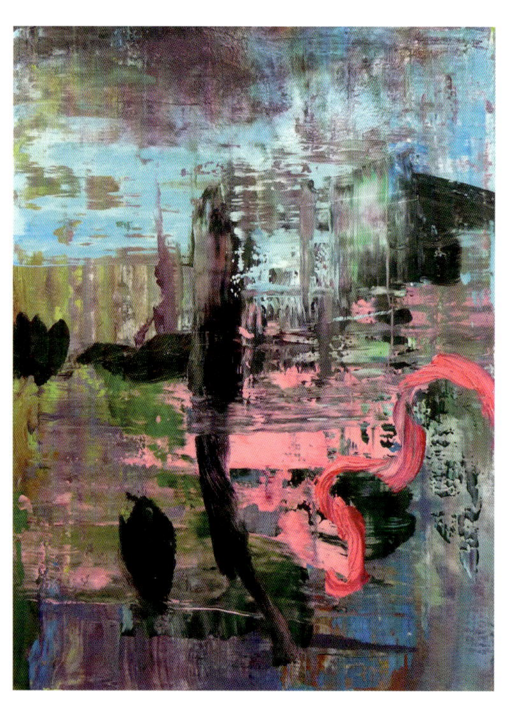

Ohne Titel
2010
Öl auf Leinwand / oil on canvas
80 x 60 cm

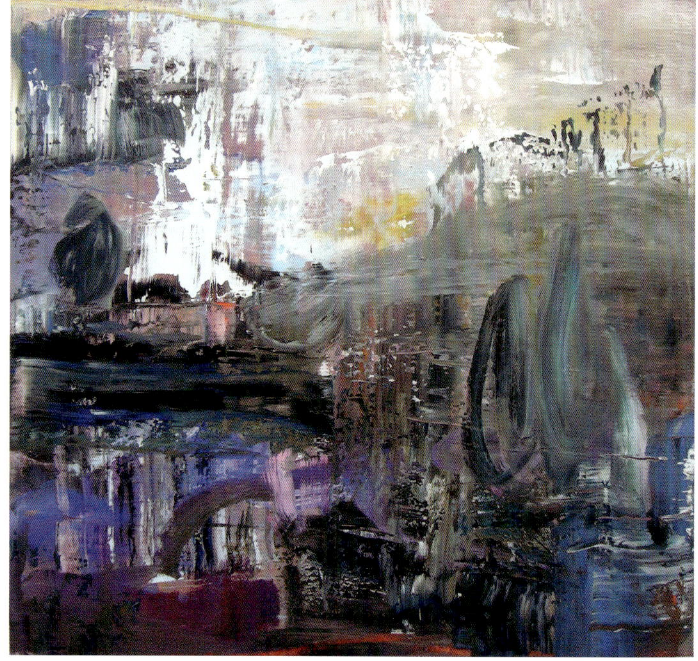

Ohne Titel
2010
Öl auf Leinwand / oil on canvas
90 x 95 cm

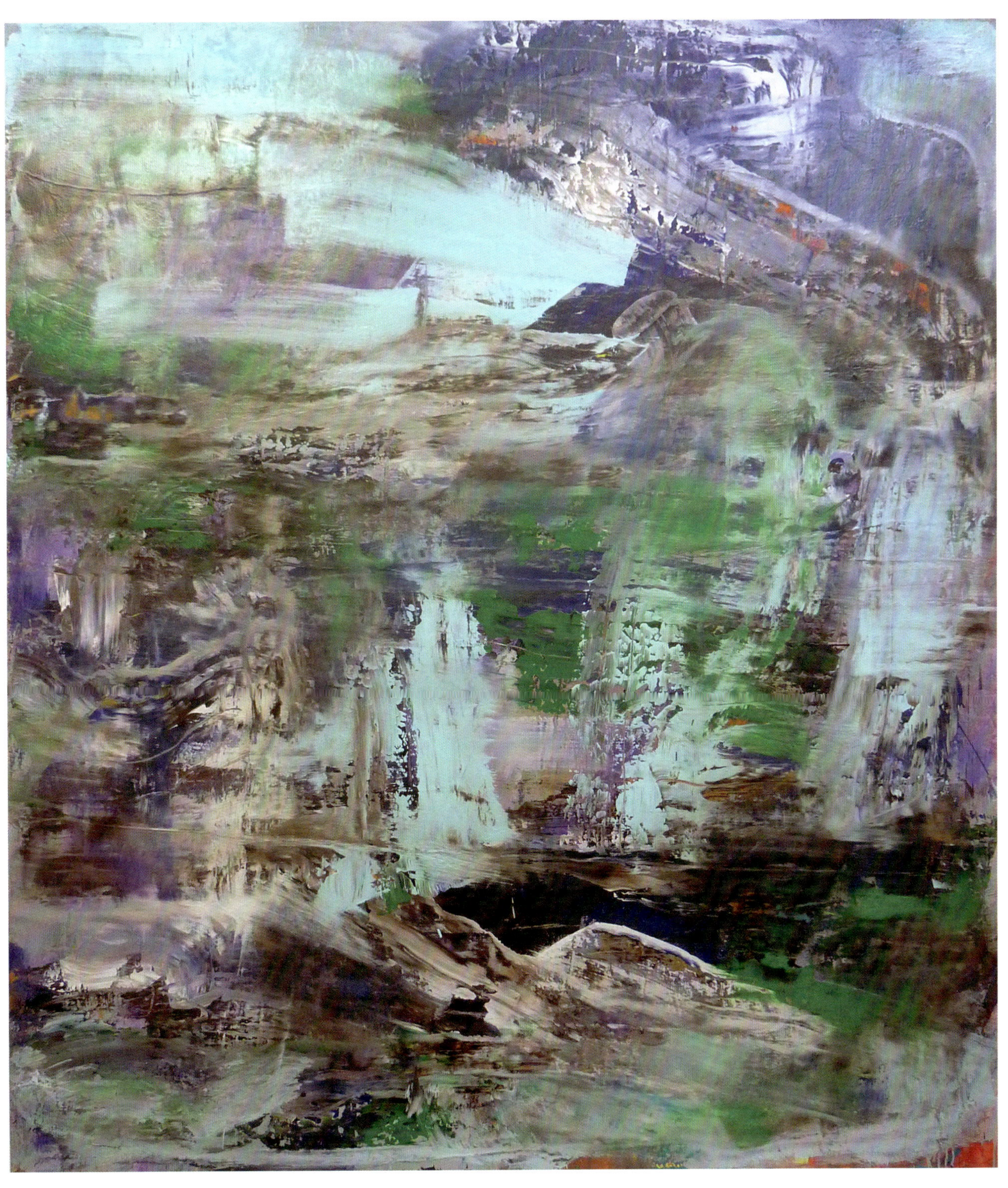

Ohne Titel
2003
Öl auf Leinwand / oil on canvas
200 x 190 cm

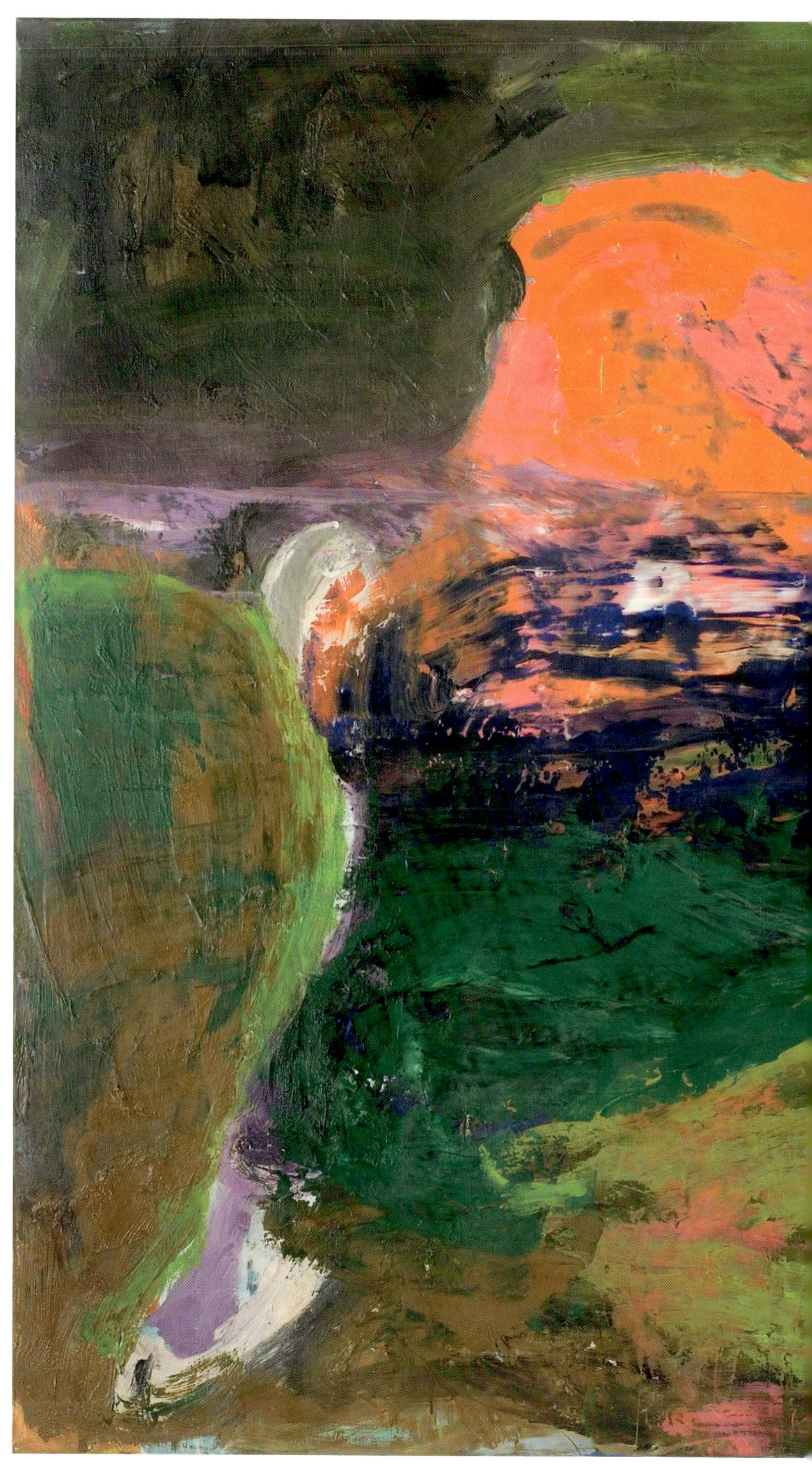

Ohne Titel
2005
Öl auf Leinwand / oil on canvas
170 x 240 cm

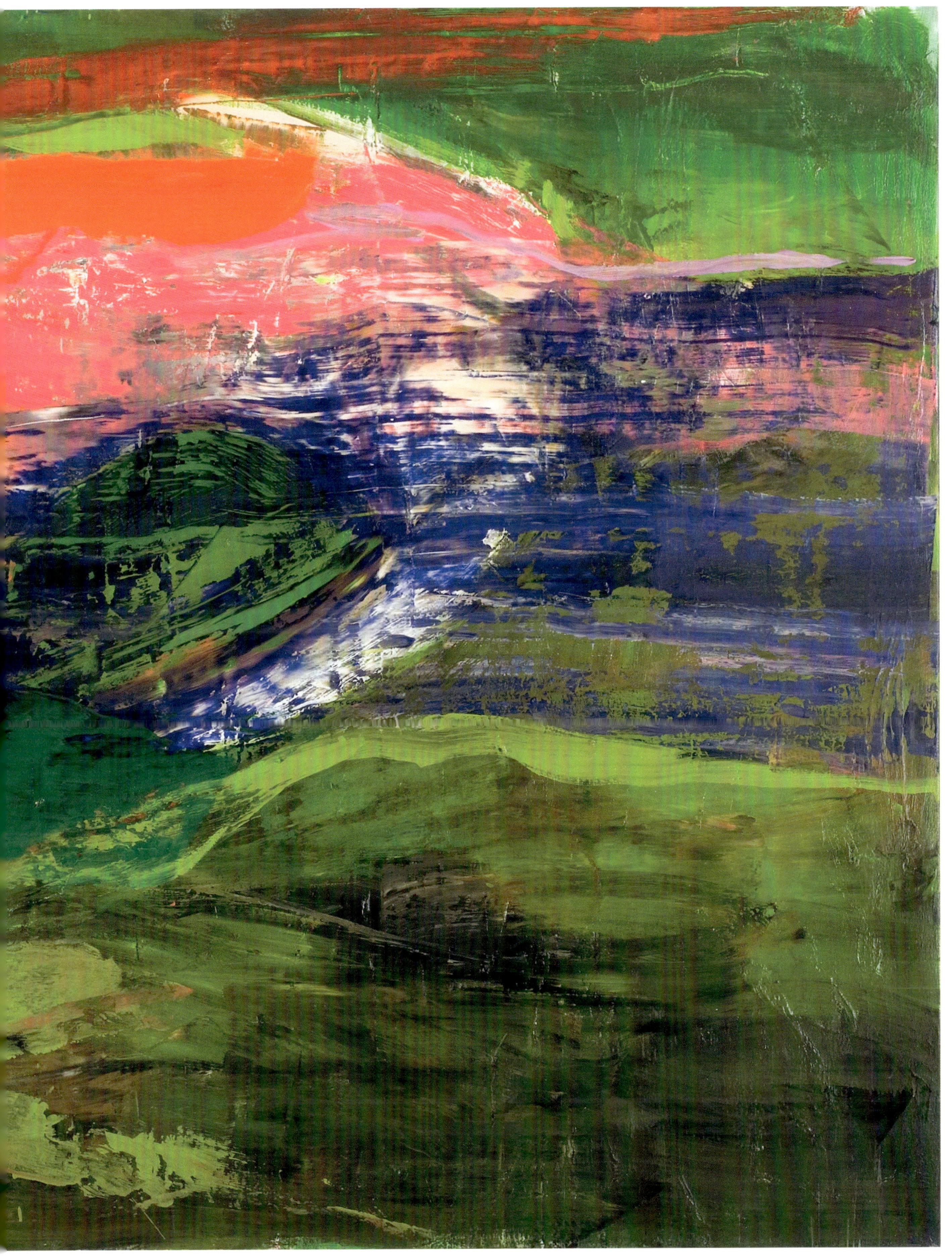

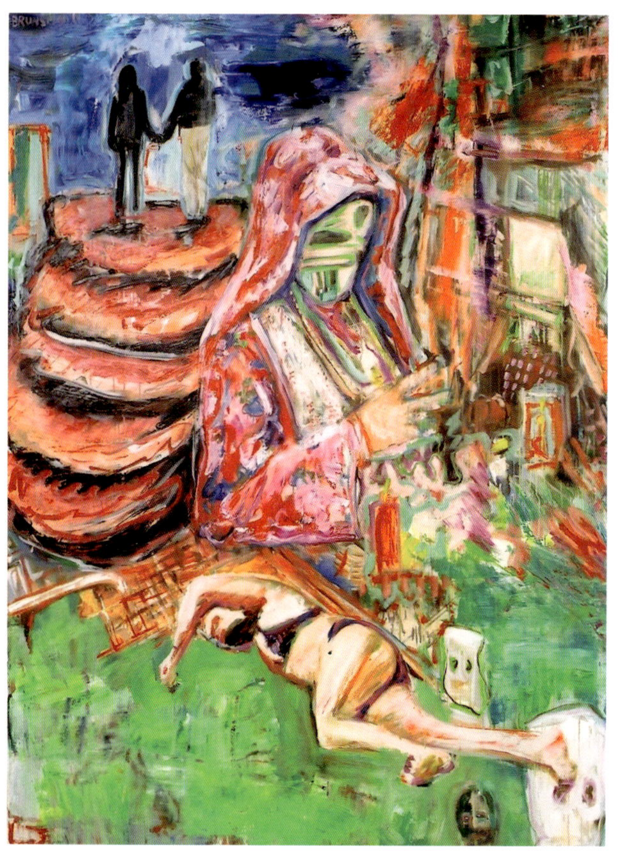

Unter anderen Umständen
2003
Öl auf Leinwand / oil on canvas
200 x 180 cm

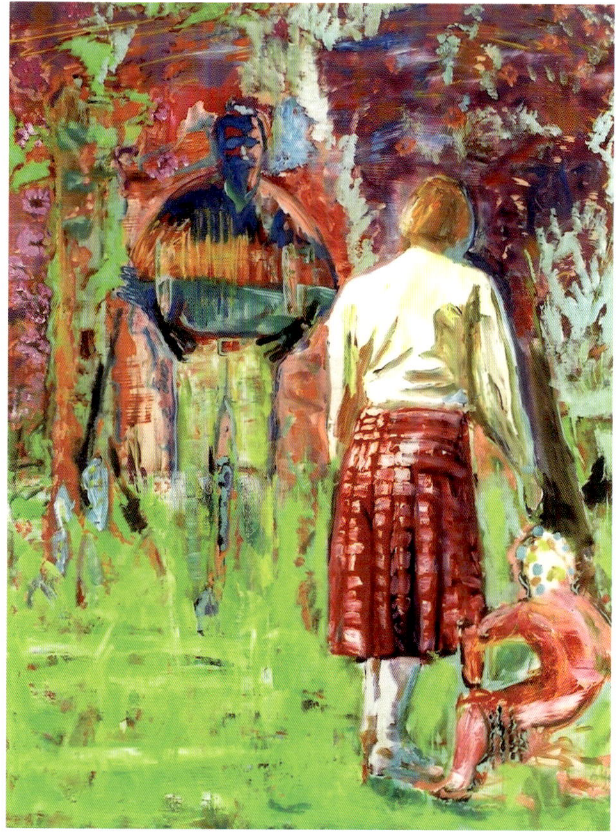

Die Frau im Jasmin
2003
Öl auf Leinwand / oil on canvas
180 x 150 cm

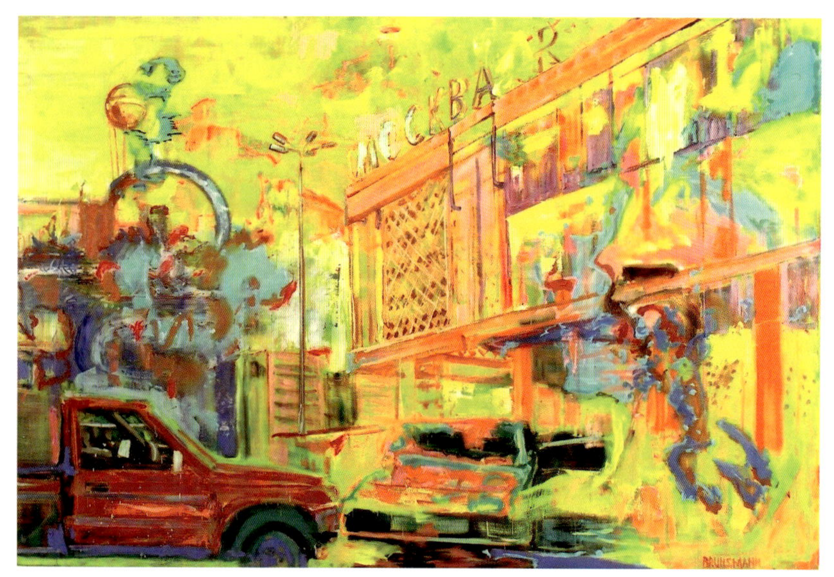

Amok, goldene Stadt
2003
Öl auf Leinwand / oil on canvas
200 x 300 cm

So wie *Transporter/Recorder* den Aufriss des Räumlichen, den Ansatz der Bedeutung in der Masse umkreist hatte, war es vorgezeichnet, dass sich Brunsmann in der nächsten Phase seiner Malerei mit dem Erscheinen der Gestalt auseinandersetzen würde: Der Zyklus *Unterwegs nach Pro-Life*, den er 2004 in Mailand ausstellt, verbindet das Erscheinen der Figur mit der Zerbrechlichkeit des Lebens, die als Idee in den Bildern steht. Sie zeigen Szenen, die in Teilen zwar undeutlich bleiben, im ganzen aber immer erkennbar sind – die meisten beziehen sich auf Bücher und auf Filme, oder auf reale Orte und reale Lebensläufe.

In fiebrig-überhitzten Farben deuten viele der Bilder Unfälle, Katastrophen, unheilvolle Szenerien an: *Die Frau im Jasmin* erzählt den Anfang einer bedrohlichen Begegnung im Park; *Amok, goldene Stadt* verweist auf Explosionen und Karambolagen in einer fragmentierten Stadtarchitektur. Oft bleiben die Figuren in den Bildern gesichtslos, oft wirken sie irritiert, immer sind sie einer indifferenten oder sogar abweisenden Umgebung ausgesetzt. In der Bildsprache, die *Unterwegs nach Pro-Life* aus einer Farbigkeit mit überraschenden Kontrasten aufbaut, schwingt ein Grundton der Verlassenheit, der Leere und Indifferenz. Dabei trägt die Klarheit der Idee aber ein latentes Risiko in die Malerei hinein: Auch wenn die Szenen in dem Zyklus mehrdeutig bleiben, kommen die Bilder immer wieder einer schon gegebenen Bedeutung nah, die das Spiel der Farbe magnetisiert und das Vorstellen bindet. Der filigrane Aufbau räumlicher Bedeutungen schlägt um in eine Darstellung mit filigranen Mitteln – die Kraft der Farbe ist noch nicht stark genug, um den Sog der abgeschlossenen Bedeutung aufzuheben. Brunsmann löst die Bilder dieses Zyklus daher wieder in Farbspuren auf, lässt sie verschwimmen und zerlaufen in einer Serie von Zeichnungen. Das ist der Preis, den der Maler dafür zahlt, dass das Erscheinen der Figur eine zu schnelle Bewegung war.

Um diesen Preis zu erwägen, muss man auf den Einsatz sehen, der für die Malerei der Zeit im Figurativen auf dem Spiel steht. Er wird bestimmt durch eine Traumaspur in der Geschichte und durch eine neue Zeitstruktur des Bildes.

Nach der Bilderflut der Propaganda und der erschreckenden Erfahrung eines Weltkriegs lag es nahe, dass die Malerei ihren Ort im Diesseits des Figurativen suchte; Burri und Fontana arbeiten mit der Farbe in der Fläche und verschieben dabei den Akzent von der Abstraktion auf die Erfahrung des Materials. Kounellis schafft ein Emblem seiner Generation, als er Stahlplatten zeigt, die den Blick aus einem Raum verstellen und kein Bild eintreten lassen; charakteristisch für die Zeit der Arte Povera ist das *'rinviare'*, das Aufschieben eines Bildes.

UNTERWEGS NACH PRO-LIFE

Just as *Transporter/Recorder* was concerned with the layout of the spatial and the beginnings of meaning in inarticulate mass, it was preordained that in the next phase of his painting Brunsmann would investigate the emergence of form. The cycle *Unterwegs nach Pro-Life*, which he exhibited in Milan in 2004, connected the emergence of the figure with the fragility of life, which exists as an idea in these paintings. They show scenes which, while remaining unclear in places, are nonetheless always recognizable in their entirety. Most of them relate to books and films, or to real places and real lives.

In feverishly overheated colours many of the paintings suggest accidents, catastrophes, or ominous scenes: *Die Frau im Jasmin* (The Lady in Jasmine) portrays the start of a threatening encounter in a park; *Amok, goldene Stadt* (Amok, Golden City) references explosions and collisions in fragmented urban architecture. The figures in the paintings frequently remain faceless, often seem irritated, and are always set out in indifferent or even forbidding surroundings. An undertone of desolation, emptiness and indifference oscillates within the pictorial language that *Unterwegs nach Pro-Life* constructs in colouration containing surprising contrasts. Thereby, however, the clarity of the idea also brings a latent risk to the painting: Even though the cycle's scenes remain ambiguous, the paintings repeatedly approach a pre-existing meaning that magnetizes the interplay of colours and arrests the imagination. The filigree construction of its spatial meanings changes into a depiction using filigree means – the power of colour is not yet strong enough to neutralize the undertow of conclusive meaning. Brunsmann therefore dissolved the paintings of this cycle into traces of paint, allowing them to blur and melt into a series of drawings. That is the price the painter paid for the figure's appearance having been an overly quick transition.

To understand this price, one must look at what was at stake for figurative painting of that period. It was defined by a trace of trauma throughout history, and by a new temporal structure of the image.

After the flood of propaganda images and the horrifying experience of a World War, it was natural for painting to seek its place in something anterior to figuration; Burri and Fontana worked with planes of colour and thereby shifted the accent from abstraction to experiencing the materials. Kounellis created an emblem for his generation when he exhibited steel slabs that shift the gaze out of a space and allow no image to arise. Characteristic for the period of Arte Povera is *'rinviare'*, the postponement of an image.

Aber auch eine museale Erstarrung und ein neuer Warencharakter lasten zu dieser Zeit auf dem Bild. Foucault hat in einer frühen Studie gezeigt, dass das bildliche Vorstellen in dem Moment, in dem es nicht mehr an die Repräsentation gebunden ist, einem Risiko ausgesetzt ist: Das Bild zehrt die Spur seiner Entstehung in sich auf, erstarrt monumental und verbraucht sich darin; es setzt das produzierende Vorstellen in sich fest und verweist den Betrachter an das nächste Bild. „Der Wert einer poetischen Imagination", schreibt Foucault daher, "bemisst sich nach ihrer inneren Kraft, das Bild zu zerstören." [3]

Die Kunst hat auf dieses Verhältnis mit einem Wandel reagiert, der neue mediale Formen in den Fokus bringt: Performance Art und Fluxus haben das Produkt verweigert und statt dessen den Prozess gestaltet. Als das Figurative später in die Malerei zurückkehrt, hat sich ihre Konstellation, das Geflecht ihrer Kontexte und Voraussetzungen zwar verändert, aber darin sind die alten Klippen nicht verschwunden. Wie also kann die Malerei eine Gestalt erscheinen lassen, ohne dabei illustrativ zu werden?

Neo Rauch, ein Maler, der die Fläche bewohnt und nicht die Farbstruktur, zeigt gegenständliche Motive in Szenen, deren Bedeutung verrätselt ist – weder gibt es in den Bildern eine Wechselwirkung ihrer Farben, noch gibt es in ihnen einen Riss zwischen Farbe und Bedeutung. Es ist eine Malerei der kolorierten Form, die dem Betrachter das Versprechen auf den Weg gibt, dass am Ende des Entzifferns eine Bedeutung greifbar sein wird: Die Auseinandersetzung mit dem Bild läuft auf ein Ziel zu, in dem sie, hypothetisch jedenfalls, zum Stehen kommen kann.

Peter Doig dagegen folgt den Wendungen der Farben und baut aus ihren Spannungen und Harmonien Szenerien auf, die nichts Besonderes bedeuten – ein Mann an der Brücke, ein Haus im Regen: Bilder, die durch die Atmosphäre ihrer Farben einen Glanz bekommen, eine rätselhafte Tiefe: Die Grazie der Geste bannt den Blick in eine Gegenwart, in der er nicht so sehr befragt, was da vor ihm erscheint, sondern viel mehr erstaunt ist, dass es überhaupt erscheint.

Die Malerei, die Brunsmann in *Unterwegs nach Pro-Life* sucht, berührt diese beiden Möglichkeiten und setzt sich zugleich von ihnen ab. Sie wird Szenen zeigen, die sich in der Zeitbewegung bilden und verändern, aber sie wird die Bewegung vom Prinzip her offen lassen. Und sie wird zeigen, wie das Spiel der Farbe die Gestalt erscheinen lässt, aber sie wird es nicht in einen Augenblick zusammenziehen. Diese Malerei ist hier noch auseinander getragen in zwei getrennte Gesten: Der Maler lässt die Figur erscheinen und zerschießt sie dann in eine Farbspur, lässt sie verschwinden in der kolorierten Zeichnung. Erst der Zyklus *Pastorale* bringt die beiden Seiten in den Spannungsbogen einer Harmonie zusammen.

But torpidity within museums and a new commodity character also weighed upon the painting of this period. In an early study Foucault showed that the pictorial imagination is exposed to a risk the moment it is no longer bound to representation. The image erodes all traces of its origination, congeals monumentally and thereby dissipates; it entrenches the producing imagination within itself, and refers the viewer to the next image. "The value of a poetic imagination", wrote Foucault therefore, "is measured against its inner power to destroy the image." [3]

Art reacted to this relationship with a transition that focussed upon new media forms: Performance Art and Fluxus disallowed a product, and instead shaped the process. When figuration later returned to painting, its constellations and the network of its contexts and assumptions had indeed changed, but its pitfalls had not disappeared as a result. How can painting allow a figure to appear, without becoming illustrative thereby?

Neo Rauch, a painter who occupies the surface but not the structure of paint, presents objective motifs in scenes full of enigmatic meaning – his pictures do not feature interplay between colours, nor do they contain a rift between colour and meaning. It is a painting style of coloured forms, which in passing promises the viewer that once deciphered, a meaning will be within grasp. Grappling with the painting is goal-directed in that, hypothetically in any case, there is an end to the journey.

Peter Doig, on the other hand, follows the twists and turns of the colours, and from their tensions and harmonies builds scenes that do not mean anything in particular – a man on the bridge, a house in the rain: paintings which assume a shimmer, an enigmatic depth, through the atmosphere of their colours. The grace of the gesture enchants the gaze in a present time in which the gaze does not so much question what has appeared, but is instead astonished that it has appeared at all.

The painting style Brunsmann seeks in *Unterwegs nach Pro-Life* touches upon both of these possibilities, and simultaneously sets itself apart from them. It intends to show scenes that form and change within the motion of time, but to leave this motion open on principle. It also intends to show how the interplay of colour allows form to appear, but does not consolidate it all in an instant. This painting style is still divided here into two separate gestures: The painter first allows the figure to appear and then dashes it apart in a splash of colour, allowing it to disappear into the coloured drawing. Not until his *Pastorale* painting cycle are these two sides brought together in a tensely harmonic relationship.

---

[3] *Michel Foucault, Einleitung zu Binswanger, Traum und Existenz, Paris: Desclée de Brouwer 1954, S. 144 / dt. Zürich: Scheidegger & Spiess 1992, S. 88.*

[3] *Michel Foucault, Einleitung zu Binswanger, Traum und Existenz, Paris: Desclée de Brouwer 1954, p.144 / dt. Zürich: Scheidegger & Spiess 1992, p. 88.*

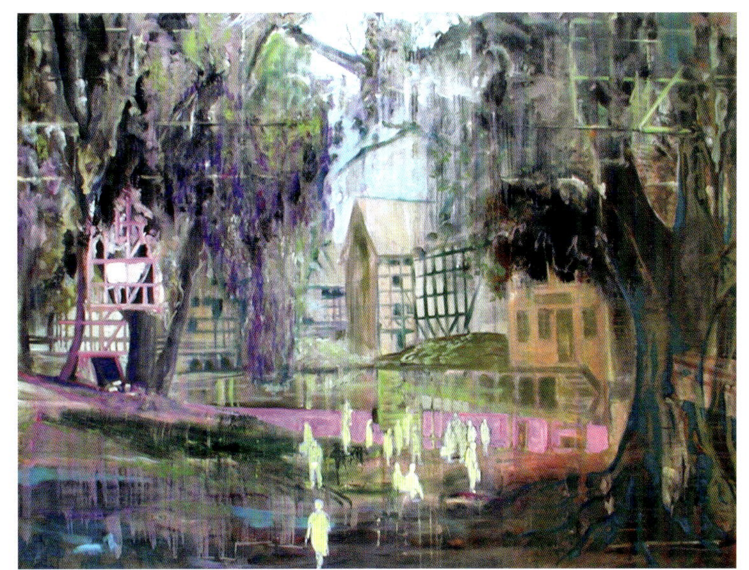

Nach der Flut
2003
Öl auf Leinwand / oil on canvas
150 x 200 cm

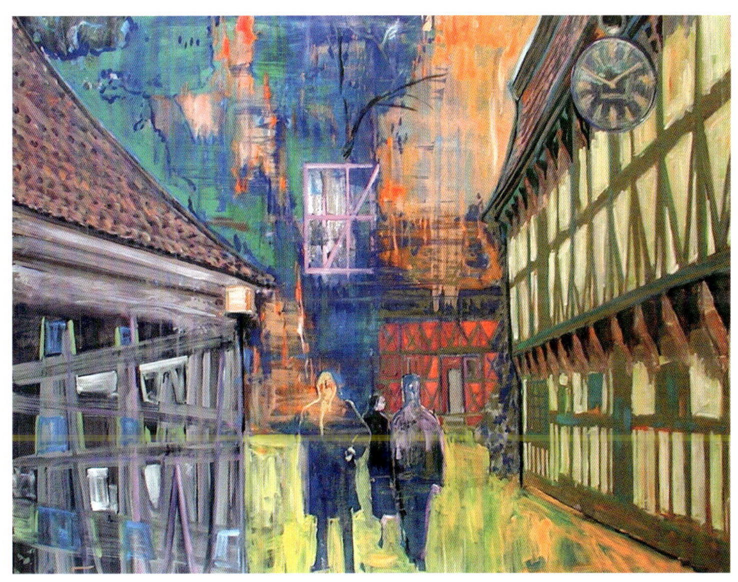

Brandstifter
2003
Öl auf Leinwand / oil on canvas
150 x 200 cm

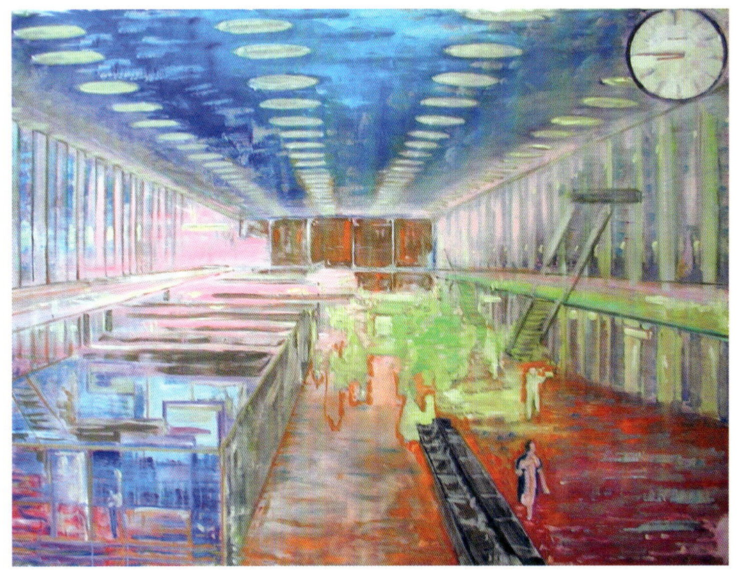

Modernes Museum
2003
Öl auf Leinwand / oil on canvas
150 x 200 cm

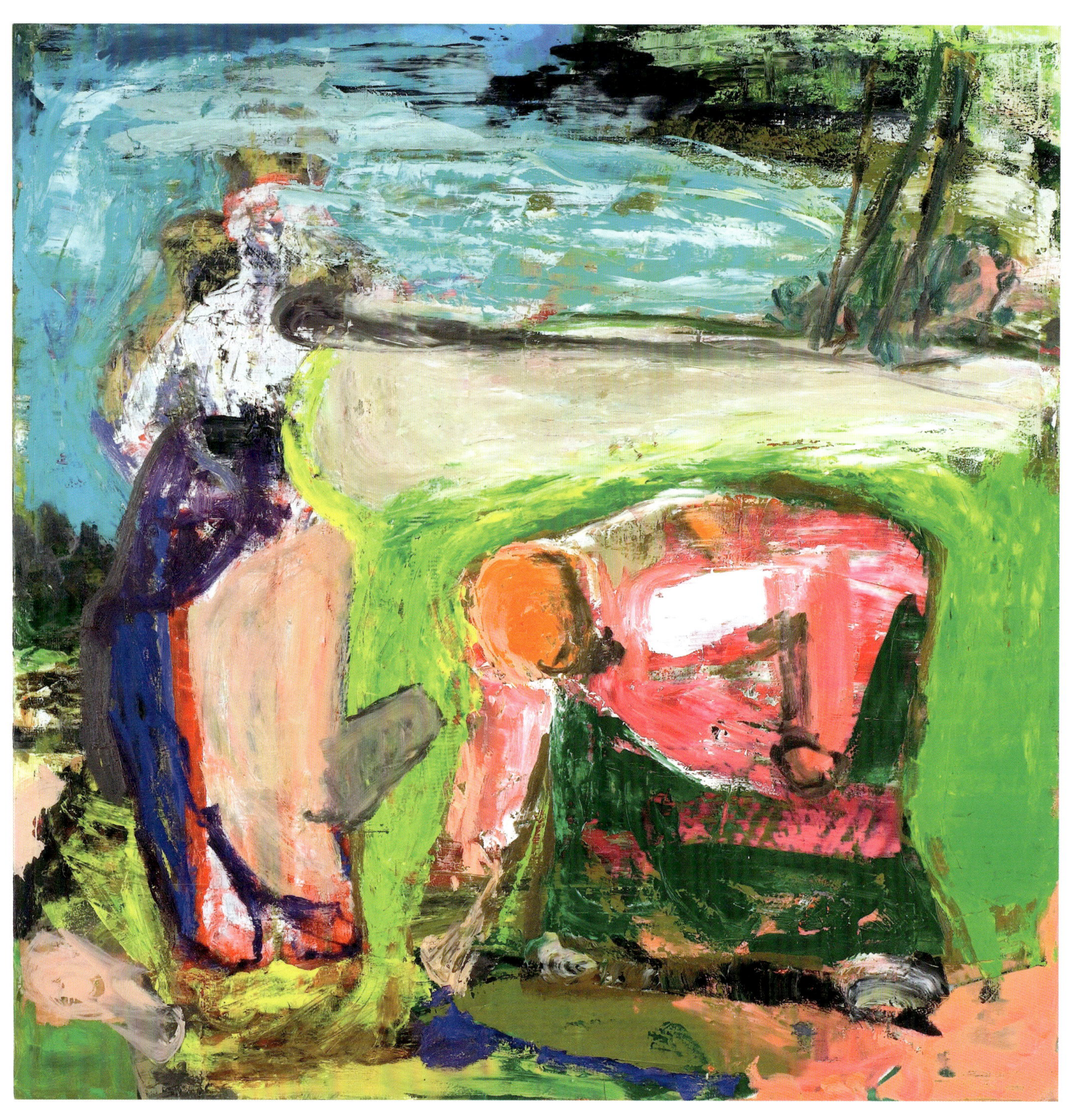

Erntedank
2005
Öl auf Leinwand / oil on canvas
200 x 200 cm

Der Zyklus *Pastorale* ist ein Weg auf dem Grat zwischen der Farbe und ihrer räumlichen Bedeutung. Wo das Bild sich der Betrachtung öffnet, da beginnt eine Figur, oft auch eine zweite zu erscheinen, während sich die Tiefe einer Landschaft bildet: Hügel, Wiesen, Ebenen, Plateaus. Kurz bevor sich das Erscheinen abschließt, kurz bevor der Raum fest angeordnet ist, kippt die Landschaft aber ab: Die Perspektive löst sich auf und die Bedeutung bricht, geht zurück in die Textur der Farbe, die sich ausspielt, ihre Leuchtkraft feiert – sie baut in ihrer Schönheit eine Spannung auf, aus der die räumliche Bedeutung wieder neu erscheint. Und wieder kippen wird.

Eine ähnliche Bewegung hin und her hat Richter früher in der Malerei gezeigt. Sie ist dort aber mühsam zu durchlaufen, da sie etwas Unerfülltes hinterlässt – eine Forderung, die offen bleiben muss und so den Betrachter vorwärts zieht in der Zeit. Richters Malerei bewegt sich parallel zu Lacans Analyse eines Begehrens, das immer wieder nicht sein Ziel erreicht, da es das Reale nie ganz ins Symbolische aufheben kann. Beide halten an der modernen Klage über eine zentrale Leere fest.

In diese Konstellation trägt Brunsmann eine minimale Drehung ein, die der Malerei einen ganz neuen Horizont eröffnet. Die Bewegung wird nun nicht mehr aus ihrem Ziel bestimmt, sondern aus ihrem Anfang, der das Versprechen in sich trägt, dass immer wieder etwas Neues für den Blick erscheint: Wenn aus der Farbe ein Bild hervorgeht, das sich auflöst und anders wieder aufgebaut wird, dann ist das nicht mehr die Bewegung, in der das Begehren immer wieder nicht sein Ziel erreicht. Es ist eine Bewegung, die den Blick im Versprechen seines Sehens trägt, ihm einen Aufenthalt gibt.

Das Motiv der *Pastorale*-Bilder ist die menschliche Gestalt in einer Landschaft, fast immer sind es zwei Figuren in einer Art von Austausch. Die erste ist ausformuliert, die zweite meistens angedeutet, sie changiert und kippt. In *Erntedank* ist die Figur, die im Vordergrund etwas aufhebt, klar konturiert, in Erinnerung an Millets *Angelus* und *Die Kornleserin*. Hinter ihr erscheint ein Hochplateau mit einem Baum, links begrenzt durch eine felsige Abbruchkante. Weiter hinten trägt ein Fluchtpunkt die Proportion der Landschaft. In dieser Perspektive müsste die andere Figur links an der Felswand stehen. Sie bildet sich aber anders heraus als erwartet, kommt nach vorne und kippt in einer atemberaubenden Bewegung die ganze Räumlichkeit des Bildes.

The *Pastorale* cycle of paintings walks a fine line between colour and its spatial significance. Where the painting opens itself to the viewer a figure begins to appear, and often a second one as well, while the depths of a landscape form: hills, meadows, plains and plateaus. Just before the appearance is complete and shortly before the space can be firmly grasped, however, the landscape slips away. The perspective dissolves and the meaning breaks up, receding into the texture of the paint which parades about, celebrating its intensity – creating a tension within its beauty, out of which the spatial meaning appears once more, only to slip away again.

Richter presented a similar back and forth movement earlier in painting. There it is difficult to follow, however, because it leaves behind something unfulfilled – a demand that must remain open, thus drawing the viewer forwards in time. Richter's painting has parallels with Lacan's analysis of a desire that repeatedly fails to reach its goal, because it can never completely dissolve the real into the symbolic. Both adhere to the modern lament over a central vacuity.

Into this constellation Brunsmann adds a minimal twist, which opens a completely new perspective for the painting. The motion here is no longer determined by its goal, but rather by its beginning, which bears as a promise that something new for the viewing will always appear. If out of the paint a picture emerges that dissolves and then reappears in a different form, then this is no longer a motion in which desire repeatedly fails to reach its goal. It is a motion that sustains the gaze in the promise of seeing, giving it a short sojourn.

The *Pastorale* paintings' thematic motif is the human form within landscape, and the paintings almost always contain two figures in some type of exchange. The first is clearly formulated, the second generally implied: it oscillates and shifts. In *Erntedank* (Thanksgiving) the figure standing out somewhat in the foreground, clearly contoured, is reminiscent of Millet's *Angelus* and *Gleaners*. Behind this figure appears a high plateau with a tree, bordered on the left by a rugged escarpment. Far to the rear a vanishing point yields the landscape's proportions. In this perspective the other figure should be standing to the left against the rock face, but it forms itself differently than expected, coming forward and tilting the picture's entire spatiality in a breathtaking motion.

Ländliches Fest zeigt eine schwebende Figur, die aus einer Höhlung in das Bild ragt, neben einer massigen grünen Bergstruktur. Wenn die zweite, angedeutete Figur im Sehen ergänzt wird, lösen sich die räumlichen Dimensionen auf in ein Spiel von Vordergrund und Hintergrund. Auch hier sind die Perspektive und die räumliche Bedeutung in einem Kipp-Punkt so gebrochen, dass die Farbe sich selbst ausspielen kann.

Die *Pastorale*-Bilder zeigen eine klare Farbigkeit, ein leuchtendes Grün oder Blau, ein klares Weiß, oft akzentuiert mit einem Himbeerton, *rose madder*. In diesem Farbklang liegt etwas Frisches, so als ob die Malerei gerade erst erfunden worden wäre. Die oberste Schicht ist mit dem Messer abgezogen, die Farben, die dahinter liegen, leuchten daher umso stärker, im Versprung der Fläche bilden sie eine Textur, strahlen in ihren Riffen, ihren Reliefs. In der Spannung ihrer Kontraste, im Bogen ihrer Harmonie baut sich eine Schönheit auf, die den Blick immer wieder anzieht. Allein die Farbe, nicht die Linie, trägt hier die räumliche Bedeutung, das gesamte plastische Element.

Während sich Brunsmann mit der Farbe verbündet, öffnet er zugleich die Tiefe der Erinnerung und geht zurück in die Entstehung der Perspektive in der Malerei. Als in der frühen Renaissance die Zeit der Repräsentation beginnt, zeigt Alberti einen Raum, in dem die Proportionen geometrisch gerastert sind: Das Bild des Gegenstands wird über Linien und Flächen aufgebaut. Auch in der weiteren Entwicklung dieser Tradition trägt die Linie die ganze Konstruktion der Räumlichkeit, Descartes bestimmt die Malerei als einen kolorierten Kupferstich. Maler wie Malewitsch oder Mondrian haben diese Tradition diesseits der Gegenstände skelettiert; Monet, Cézanne und die Maler des Informel haben sie verlassen, auf verschiedenen Wegen allerdings: In Cézannes Bild des *Gärtners Vallier* trägt die Farbe den gesamten Aufbau der Räumlichkeit. Im Informel baut sich der Raum über komplexe, „nicht-geometrische" Formen auf. Brunsmann überträgt der Farbe die Konstitution des Räumlichen und reflektiert darin die Entstehung der Zentralperspektive – sieht man in die Figuren des *Pastorale*-Zyklus hinein, dann erscheint darin zunächst ein Rudiment von Landschaft, das für alle Landschaft überhaupt steht. Tiefer sind die Farben dieses Rudiments noch einmal aufgelöst in spektrale Fokuspunkte, aus denen sich das Erscheinen einer Landschaft in seinen Möglichkeiten entfaltet: In *Anbetung* trägt die kniende Figur ein Farbenspektrum in sich, in *April* die stehende Gestalt, und in *Verkündigung* ist die angedeutete Gestalt spektral. Wie der Fluchtpunkt in der geometrisch konstruierten Malerei ein Anfangspunkt des Sehens war, so zeigt der *Pastorale*-Zyklus einen Fokuspunkt der Farbe, aus dem sich die Räumlichkeit entfaltet.

Ländliches Fest (Rural Celebration) shows a levitating figure rising from a cavity in the picture beside a massive green mountainous structure. If one visually completes the second, implied figure, then the spatial dimensions dissolve in the interplay between foreground and background. The perspective and spatial meaning here too are so fractured at a point of transition that the paint can fully show itself off.

The *Pastorale* paintings exhibit clear colouration, a brilliant green or blue, a clear white, often accented with a raspberry tone, *rose madder*; there is something fresh about the colour harmonies, almost as if the art of painting had just been invented. The topmost layer has been pared back with a knife, and the colours lying behind shine all the more strongly for this. In the misalignment of the plane they form a texture, radiating in their layers and their reliefs. In the tension of their contrasts and tautness of their harmonies a beauty develops, which repeatedly attracts the gaze. It is only colour, not line, that produces spatial meaning here, the entire element of plasticity.

While Brunsmann allies himself with colour, he simultaneously opens the depths of memory and returns to the origins of perspective in painting. As the era of representation began in the early Renaissance, Alberti showed space in which proportions were laid out in a geometrical grid: The image of the object was constructed using lines and planes. In the further development of this tradition, lines continued to be entirely responsible for producing spatiality. Descartes defined painting as a coloured copper-plate engraving. Painters such as Malevich and Mondrian pared down this tradition on the immanent side of objects, while Monet, Cézanne and the painters of the Informal abandoned it, although they followed various pathways in doing so. In Cézanne's Portrait of the *Gardener Vallier*, colour produces all of its spatiality. In the Informal, space is built up by means of complex "non-geometrical" forms. Brunsmann gives the constitution of space over to colour and therein reflects upon the origins of central perspective. If one examines the figures of his *Pastorale* cycle, one first notices a rudiment of landscape within them, which stands for landscape in general. Looking deeper, the colours of this rudiment dissolve once again in spectral focal points, from which develop the appearance of a landscape in all its possibilities. In *Anbetung* (Worship) the kneeling figure contains an entire colour spectrum, in *April* it is the standing figure, and in *Verkündigung* (Annunciation) the suggested figure is spectral. Just as the vanishing point in geometrically constructed painting is a starting point for vision, the *Pastorale* cycle displays a focal point of colour from which spatiality develops.

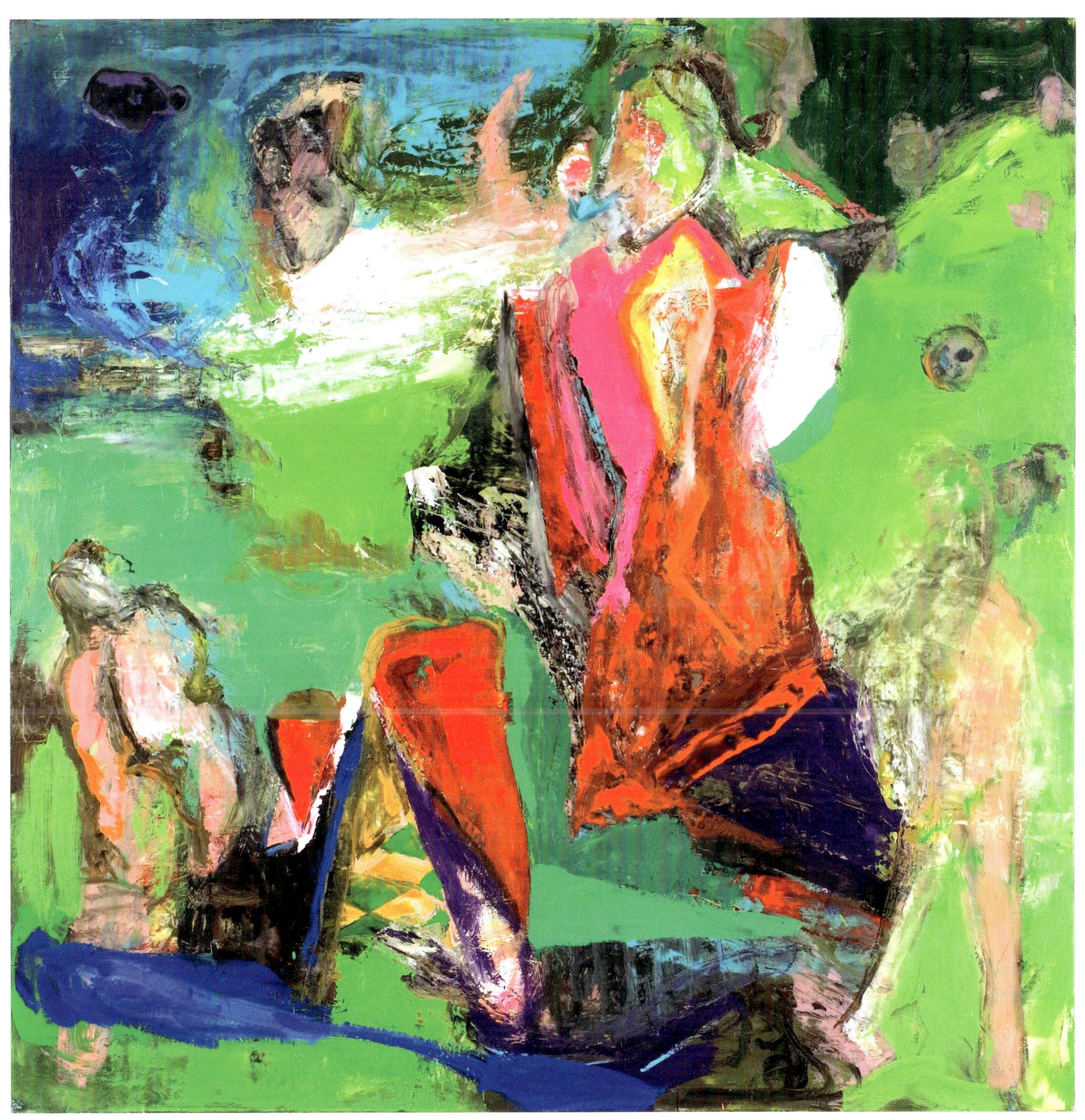

Ländliches Fest
2006
Öl auf Leinwand / oil on canvas
200 x 200 cm

Wie Brunsmann die Konstitution des Raums in der frühen Zeit der Repräsentation von der Linie löst und in die Farbe übersetzt, so wird auch die Stelle des Individuums in dieser Tradition aufgelöst und übertragen. Cimabue hat den Christus am Kreuz vorgeführt, Giotto hat darin die Stelle des Betrachters geschaffen, und Brunelleschi hat in der Malerei das Individuum gefordert, das den Gegenstand im Sehen vor sich stellt, repräsentiert. Die *Pastorale*-Bilder fordern ein Individuum, das sich in der Konstitution seiner Gegenstände selbst erst konstituiert, und sie bilden diese Zeitbewegung im Bild noch einmal ab. *April* zeigt eine weiße Gestalt, die in lila-tiefblauem Wasser steht, vor Wiesen, die sich nach hinten, in die Tiefe des Raums erstrecken, an einem Hügel vorbei, der von einer felsigen Struktur begrenzt wird. Dahinter eine rote Sonne vor dem Horizont der Perspektive. In der Landschaft, die auf diese Art erscheint, deutet sich eine weitere Figur an, in der sich der Blick verliert – folgt man ihrem Aufbau, dann verschieben sich die Proportionen: Die räumliche Tiefe löst sich auf in die Farbe, und die Gestalt bleibt als Ruine stehen – nicht als Monument, sondern als das Zeugnis einer Zeitspur, in die das Subjekt der Renaissance hier übersetzt ist. Der Aufbau und der Abbau der Figur legen einen Anflug von Gesang über die Szenerie: eine Erinnerung an Petrarca, der in seiner Wendung vom Drama der Erlösung auf die Betrachtung der Natur die Landschaftsmalerei eröffnet hat.

Auch die anderen *Pastorale*-Bilder zeigen eine Haltung, die weder frühere Gestalten der Geschichte kategorisch durchstreicht, noch nostalgisch über ein Fehlen alter Möglichkeiten klagt – sie nimmt Phasen und Momente der Geschichte in einer Übersetzung auf und balanciert darin Distanz und Nähe aus. Ausgestellt an einem alten Ort der Repräsentation, haben die *Pastorale*-Bilder die Kraft der Malerei gezeigt, im Ruin der Repräsentation ihre Tradition zu spiegeln.

In the same way that Brunsmann frees the earlier era of representation's constitution of space from line and relegates it to colour, he also dissolves and reinterprets the place of the individual in this tradition. Cimabue introduced Christ on the cross, Giotto created a place for the viewer therein, and Brunelleschi in his painting postulated the individual as one who visualized or represented the object before them. The *Pastorale* paintings postulate an individual who is first constituted in the constitution of the objects themselves, and they portray this temporal motion once again in the image. *April* shows a white shape standing in purplish, deep blue water, before meadows that stretch back into the depths of its pictorial space, past a hill bordered by a rocky structure. Behind all of this lies a red sun in front of the perspective horizon. A further figure in which one's gaze becomes lost is suggested within the landscape that thus appears. If one tries to trace its layout, the proportions shift. The spatial depths dissolve into colour, and the figure remains as a ruin – not as a monument, but as the witness to a trace of time, in which the subject of the Renaissance has been translated. The construction and breakdown of the figure overlay the scene with a trace of song: a memory of Petrarch, who in turning from the drama of redemption to a consideration of nature initiated landscape painting.

The other paintings of the *Pastorale* also display an attitude which neither categorically cancels out earlier historical figures, nor does it nostalgically lament a lack of older possibilities – it takes up phases and moments of history and translates them, therein balancing distance and proximity. Exhibited in an old place of representation, a hall that was first a theatre and then a cinema, the *Pastorale* works have shown the power of painting to reflect its tradition in the rubble of a wall, or in the ruins of representation.

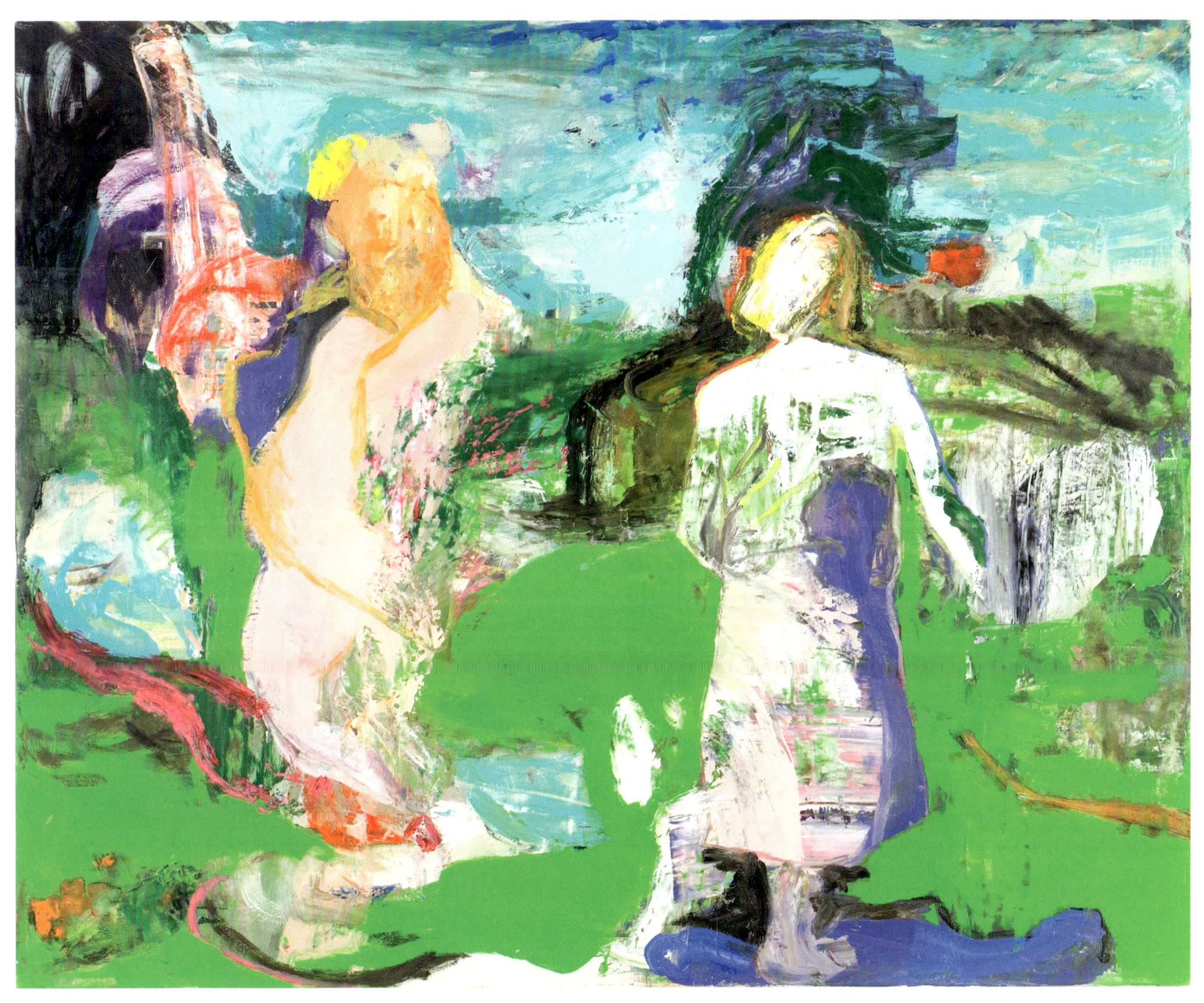

April
2006
Öl auf Leinwand / oil on canvas
200 x 230 cm

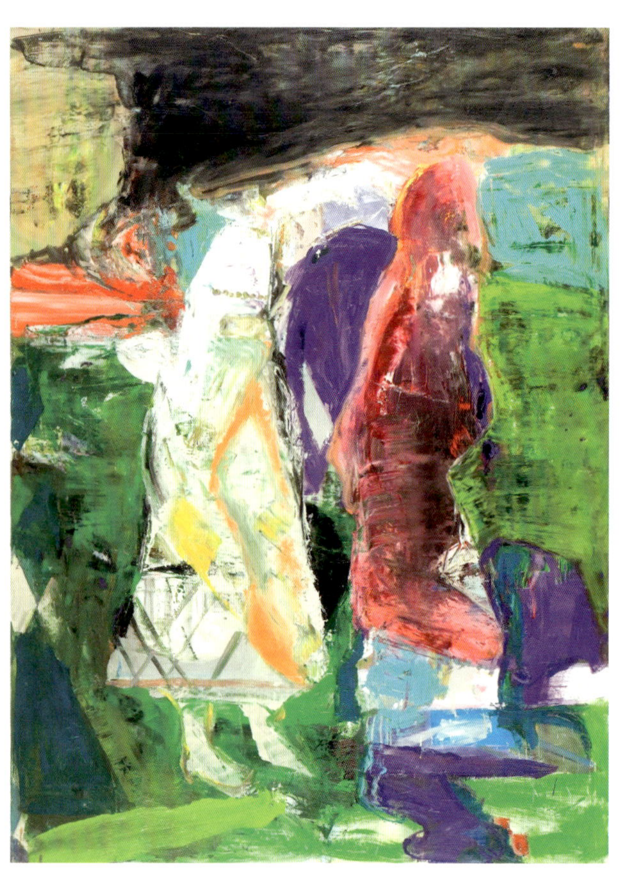

Verkündigung
2006
Öl auf Leinwand / oil on canvas
200 x 150 cm

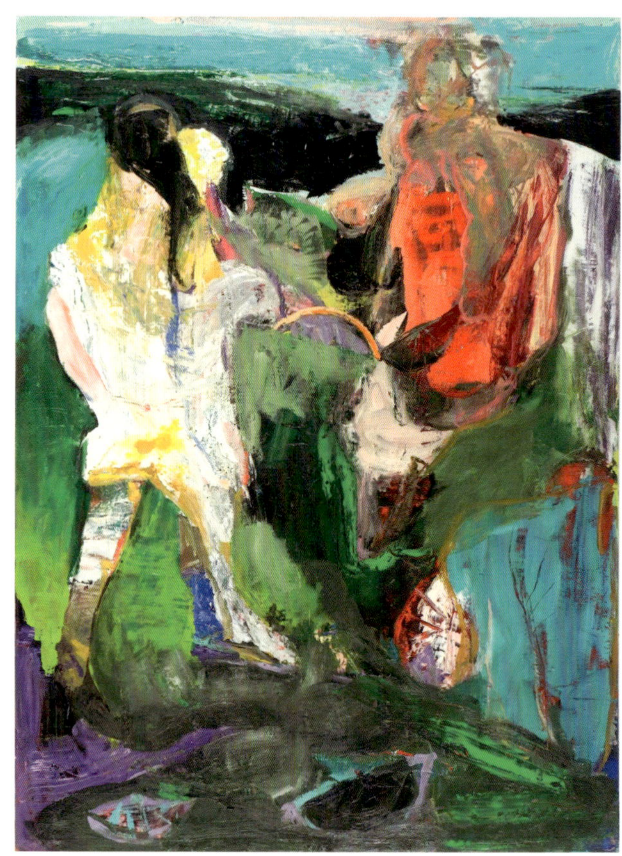

Versuchung
2006
Öl auf Leinwand / oil on canvas
200 x 150 cm

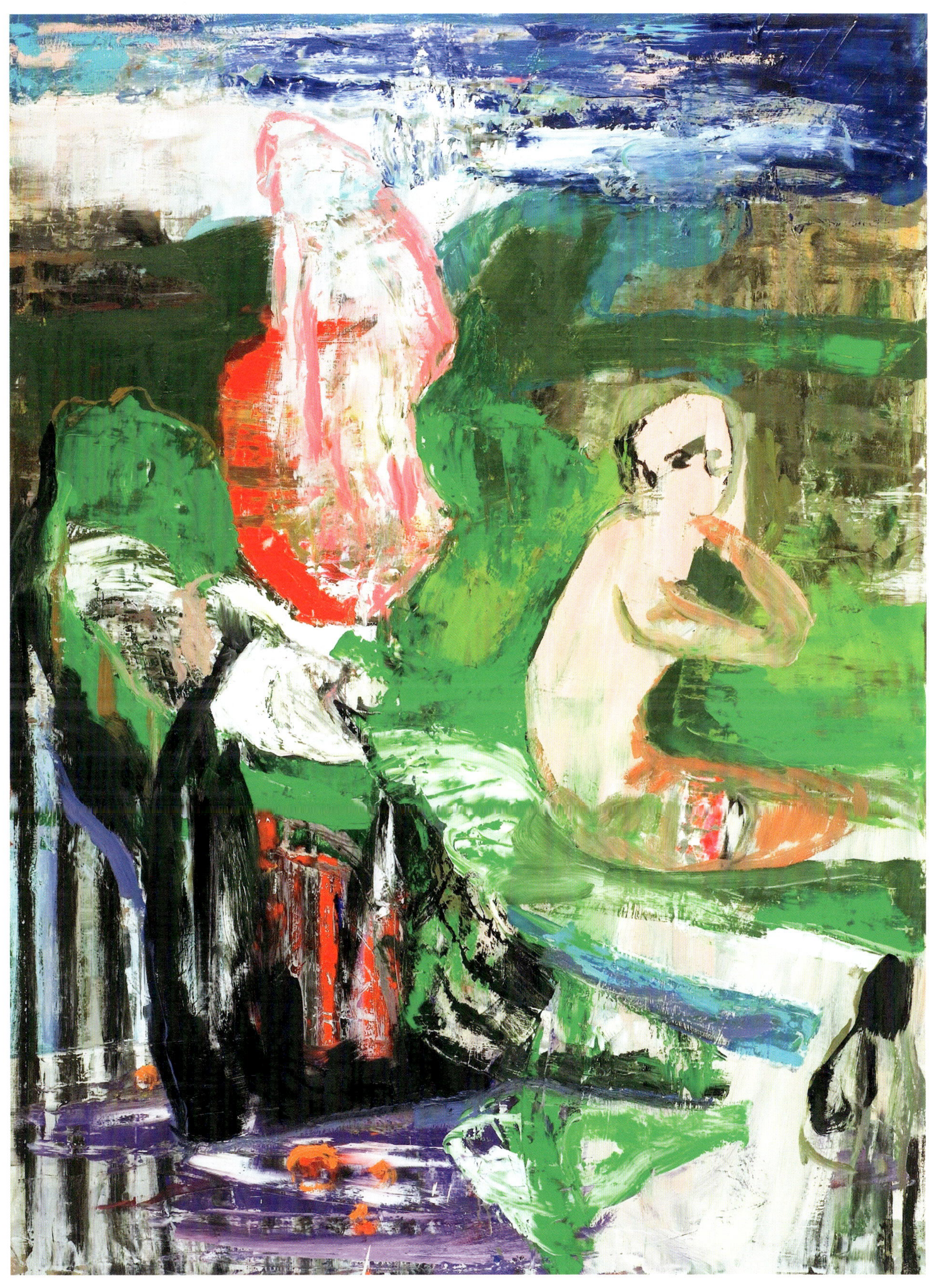

Pastorale
2006
Öl auf Leinwand / oil on canvas
200 x 150 cm

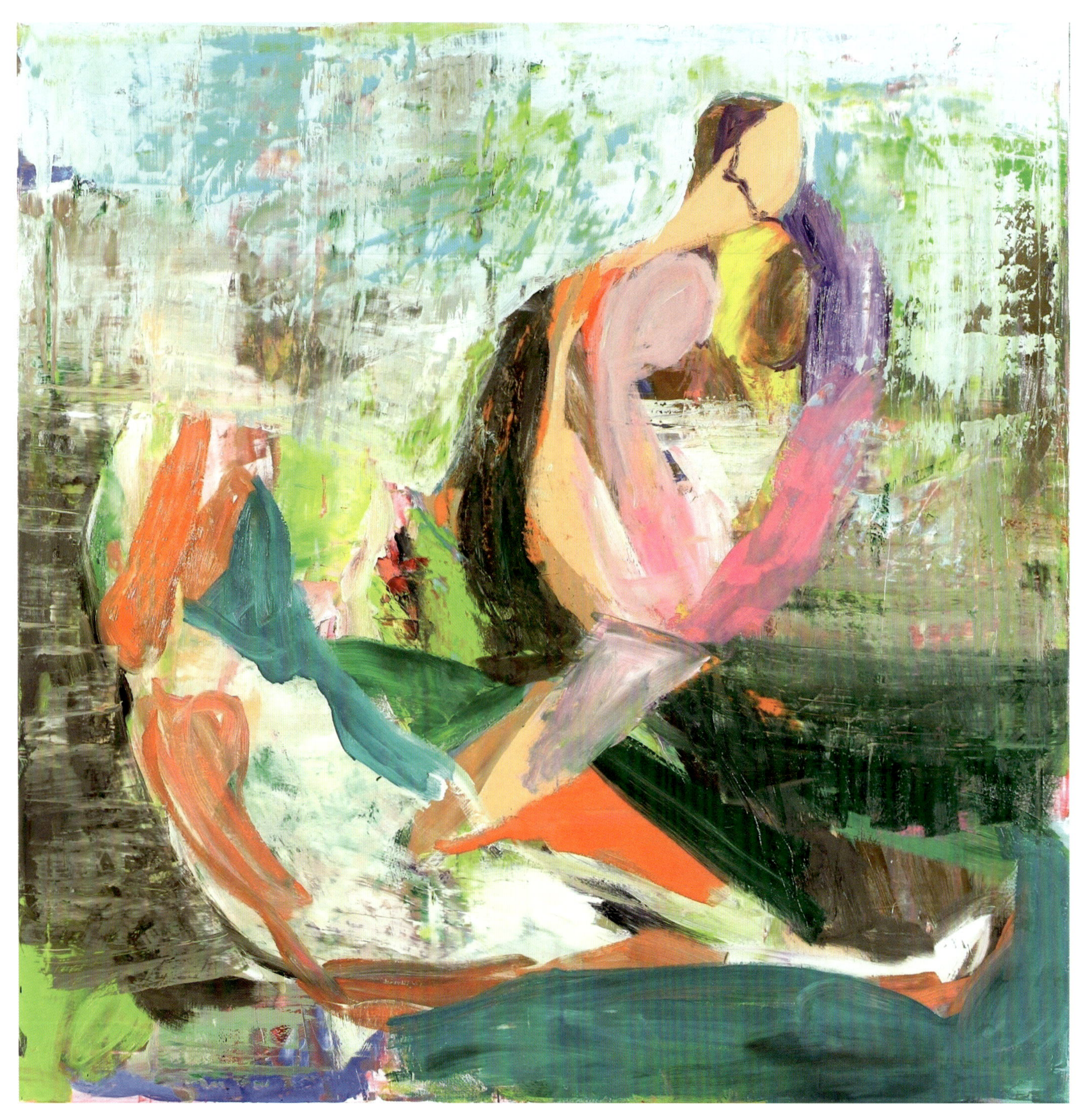

Geburt
2007
Öl auf Leinwand / oil on canvas
200 x 200 cm

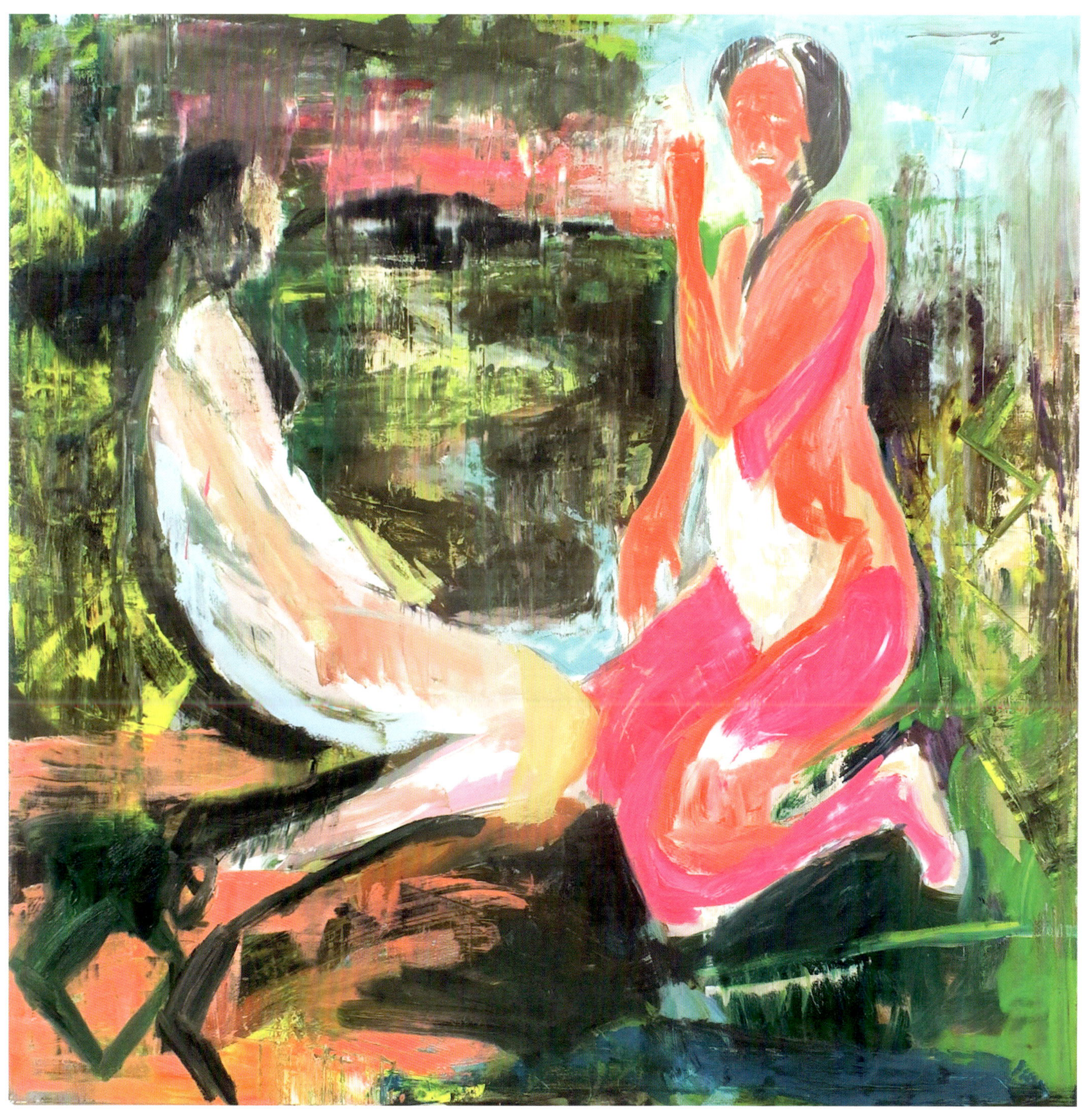

Delta
2007
Öl auf Leinwand / oil on canvas
200 x 200 cm

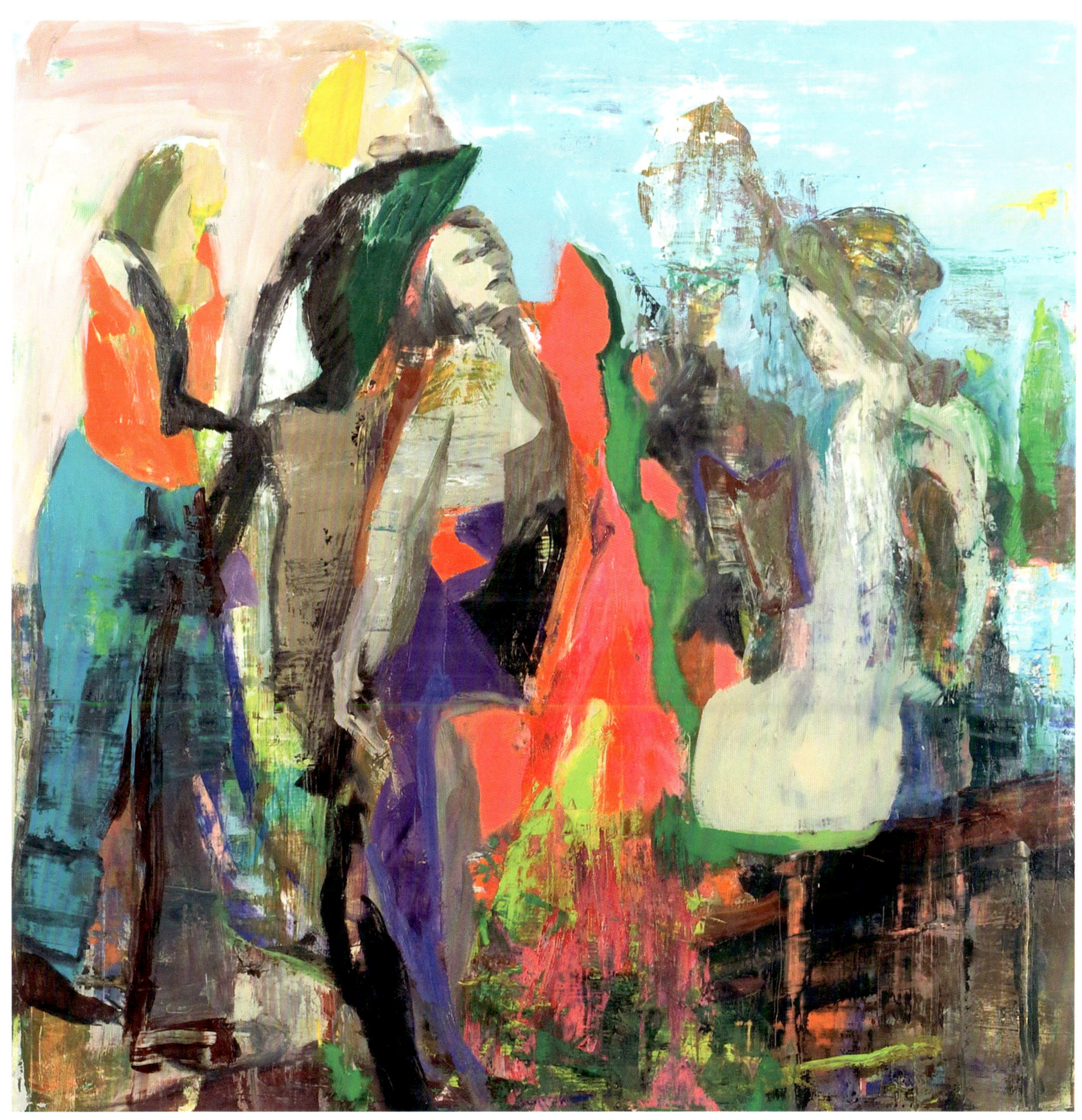

Corso Indipendenza
2008
Öl auf Leinwand / oil on canvas
200 x 200 cm

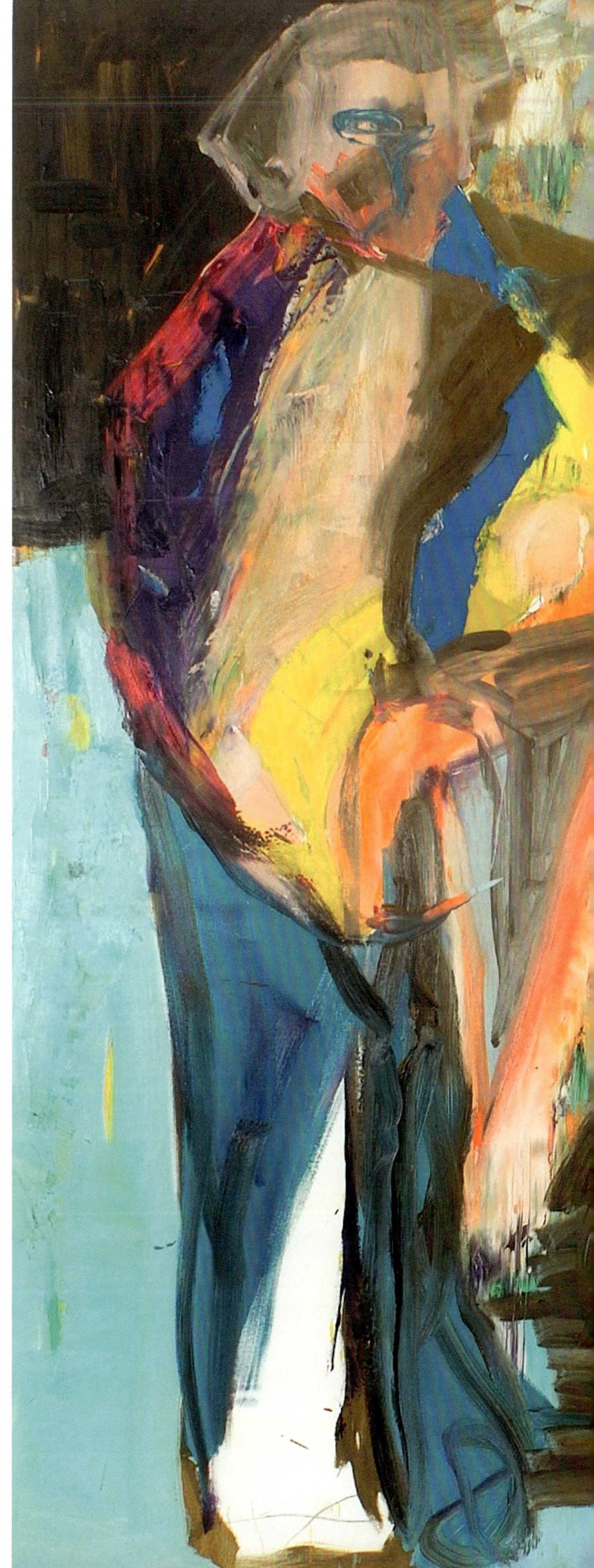

Nacht
2007
Öl auf Leinwand / oil on canvas
200 x 230 cm

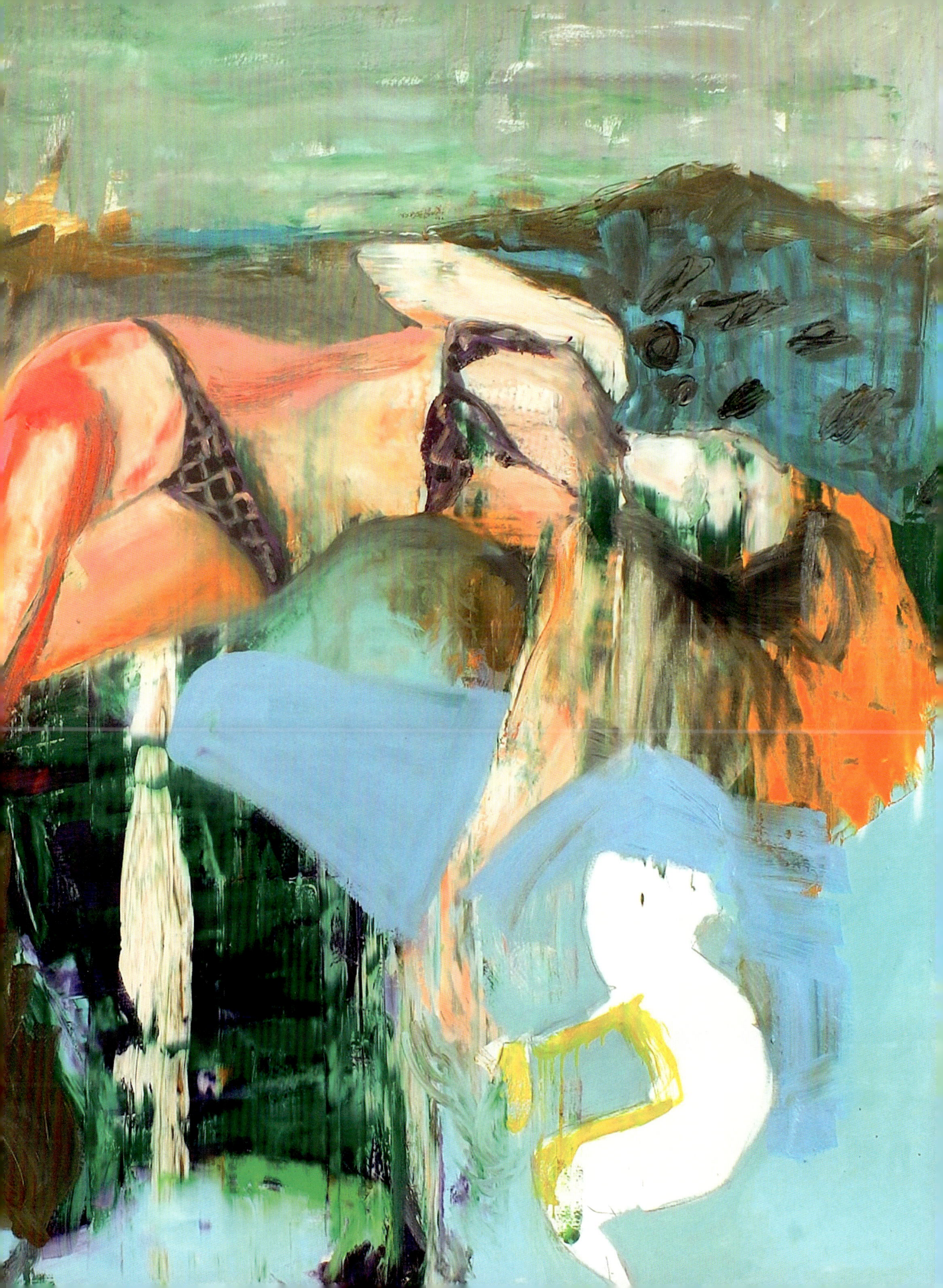

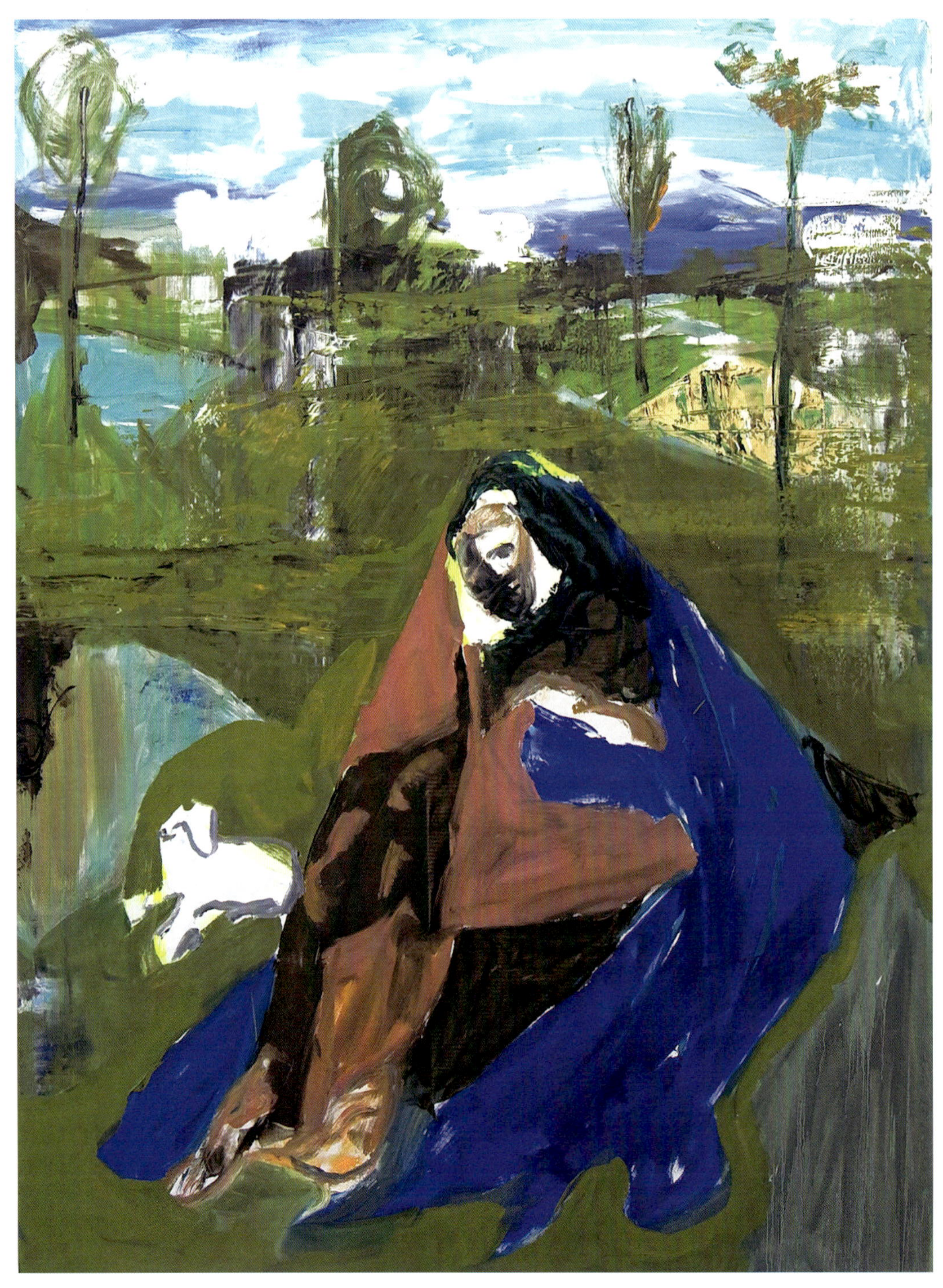

Katarakt
2007
Öl auf Leinwand / oil on canvas
200 x 150 cm

Die letzten Bilder im *Pastorale*-Zyklus deuten religiöse Motive an, sie sind auf dem Weg, das Erhabene der Moderne abzulösen durch ein sakrales Element. *Katarakt* steigt tiefer in die Geschichte des Sehens ab, geht zurück bis hinter den Moment, in dem die Landschaft als ein Gegenstand der Malerei erscheint: Der Zyklus baut einen Dialog auf mit den Heiligenbildern, wie sie in der Malerei der frühen Renaissance erscheinen – die Katarakt-Motive nehmen Piero della Francescas Bild des Heiligen Hieronymus auf, die Johannes-Motive beziehen sich auf das Bild des Täufers in der Einöde von Geertgen tot Sint Jans.

Katarakt zitiert die alten Heiligenbilder nicht, übernimmt sie nicht in einen neuen Kontext, sondern übersetzt sie – die imaginär festgelegte Figur wird geöffnet, defiguriert. Oft ist sie abstrahiert bis an die Grenze der Erkennbarkeit, bis nur noch etwas Massiges aus Farbe und aus Form erscheint, aus dem sich im Sehen nach und nach eine konkrete Gestalt bildet.

In der Öffnung der Figur ist die Abwesenheit des Gesichts ein zentraler Zug; in einigen Bildern ist es schwarz und weiß, oder hell und dunkel angedeutet – ein Teil liegt im Licht, ein Teil liegt im Schatten. Die teilweise Schwärzung des Gesichts bezieht sich auf die Pole des Erkennens und des Nichterkennens, und evoziert das Bleiweiß in der Malerei der frühen Renaissance, das im Alterungsprozess in ein Schwarz umschlägt, oxidiert. In anderen Bildern sind die Konturen des Gesichts noch weiter aufgelöst und es bleibt ein weißer Fleck, der auf die Quelle aller Möglichkeiten in der „inneren Schau" verweist und auf den Anfang im Sehen, auf das farblose Licht, das Weiß, aus dem sich durch spektrale Brechung die Farben differenzieren. In der Übersetzung der Heiligenbilder entsteht eine leere Stelle, in die hinein der Betrachter das Gesicht und die Gestalt figurieren kann; sie bilden sich im Prozess des Sehens, lösen sich auf und werden wieder neu gebildet. So kann die Figur allein in der Bewegung zwischen dem Erscheinen und Entfernen wahrgenommen werden: Es bleibt ihr Aufriss, der sich als etwas Gegenständliches auf einer Schwelle hält und darin das Sehen reflektiert.

In allen *Katarakt*-Bildern ist die Figur zentral, durch ein vielschichtiges System von Farbkontrasten und Analogien von der Landschaft, die sie umgibt, getrennt und mit ihr zugleich verbunden. Das Farbregister hat gewechselt von der *Pastorale* zum *Katarakt*: es sind jetzt erdige, gedeckte Töne, die ein umgebendes, einfassendes Moment besitzen – Braun- und Olivschattierungen, verwaschene Blautöne und ein stumpfes Grün. Die Figur erscheint dagegen in Farben, die einen Abstand zur Umgebung bilden, eine Exposition; dunkel leuchtende Blauviolett-, Karmesin- und Orangetöne heben ihren zentralen Ort heraus und halten sie ständig in einer Spannung zu der Landschaft. In ihrer Farbform ist die Figur anziehend, durch ihre Schönheit einnehmend. Sie erscheint jetzt nicht mehr als Ruine, sondern als offene Möglichkeit, die der Betrachter für sich entwickeln kann.

KATARAKT

The last paintings of the *Pastorale* cycle hint at religious motifs, and are on a path towards displacing the sublime in modernism with an element of the sacred. *Katarakt* delves deeper into the history of seeing, going back to a point before landscape appeared as a subject of painting. The cycle develops a dialogue with paintings of saints, as these appear in the early Renaissance – the Katarakt motifs take up Piero della Francesca's painting of Saint Jerome, and the St. John motifs are related to the picture of the Baptist in the wilderness by Geertgen tot Sint Jans.

Katarakt does not quote the old painting of the saints nor does it place them into a new context. Instead it translates them – the imaginary predefined figure is opened up and dismantled. Often it is abstracted to the very edge of recognisability, until just something massive made up of colour and form appears, from which a concrete figure emerges little by little as one gazes at it.

The absence of a face is a central characteristic in opening up the figure; in some paintings it is suggested in black and white or in light and dark – one part lies in the light, another in shadow. The partial blackening of the face refers to the dichotomy of recognition and non-recognition, and evokes the white lead paint of early Renaissance painting, which changes into black, oxidizing as it ages. In other paintings the facial contours are still further dissolved and all that remains is a white spot, which refers to the wellspring of all possibilities within the "inner gaze", and to the beginning in viewing, to the colourless light, white, from which all colours can be distinguished through refraction. In translating the paintings of saints an empty space is created into which the viewer can project the face and figure; these form in the process of viewing, dissolving and then arising once again. In this way the figure can be perceived solely in the motion between appearance and going away. All that remains is its outline, which remains on a threshold as something objective, and thereby emulates seeing.

In all of the *Katarakt* paintings the figure is central, and by means of a multi-layered system of colour contrasts and analogies is separated from but simultaneously connected with the landscape surrounding it. Between *Pastorale* and *Katarakt* the colour register has changed: now the tones are earthy and muted, and possess an encompassing, surrounding aspect – brown and olive shading, washed out blues and a dull green. In contrast, the figure appears in colours which create a distance to its surroundings, a special lighting; darkly glowing violet-blue, crimson and orange tones stress its central position and hold it in a constant tension with the landscape. Its colourful form makes the figure appealing, and its beauty makes it captivating. It now no longer appears as a ruin but as an open possibility, which the viewer can develop for himself.

Auch die Landschaft ist nicht etwas Festgelegtes, erst im Wechselspiel des Sehens wird sie ausgestaltet. Dabei kippt nun aber nicht mehr der gesamte Bildraum – einige Anhaltspunkte bleiben relativ stabil: Baumreihen, Hügelkanten, Uferlinien am Wasser bilden Koordinaten, in denen sich die Landschaft immer wieder neu formiert. Im Aufbau des Bildraums wird der Blick jetzt in einer Örtlichkeit gehalten. In der Bewegung des Sehens bildet sich der mythische Raum einer gleichsam zeitlosen Landschaft, wie er in René d'Anjous *Buch der Liebe* oder in manchen Bildern der Surrealisten erscheint – ein Tiefenraum, der eine Erfahrung davon freigibt, wie sich der Raum aufspannt und organisiert. Dieser Raum hat die Qualität eines sakralen Raums: So wie Figur und Landschaft sich hier konfigurieren, bleiben sie in ständiger Berührung mit dem Punkt, aus dem ein räumlicher Zusammenhang entspringt; die Berührung dieses Anfangs trägt ein Flimmern in den Raum des Bildes ein. Darin setzt *Katarakt* die *Pastorale* fort und vertieft die Erinnerung in die Geschichte.

Der sakrale Raum der christlichen Tradition wurde getragen von der Krypta, in der das Grab oder die Reliquie an den Tod, die Sterblichkeit erinnern, aber auch an etwas, das über das Vergängliche, das Endliche hinaus ist – an den Ursprung aller Möglichkeiten, der sich allein in einer Umkehr aus der Zerstreuung, dem Vergessen öffnet. In der christlichen Vorstellungswelt war diese Wendung zurück, conversio, ein Weg des Aufstiegs; auch die Gnosis hatte den Sturz aus einer Welt des Lichts in die Dunkelheit der materiellen Welt erzählt und die Rückkehr in das Licht als einen Weg nach oben vorgestellt. In diesem Kreis des Fallens und des Wiederaufstiegs ragt der Heilige heraus, er steht in dieser Tradition auf einer hohen Warte, specula, auf der er dem Göttlichen näher ist.

The landscape is also no longer something defined, but only develops in the interplay of seeing. Thereby the entire pictorial space no longer slips away, however, and some clues remain relatively stable: rows of trees, edges of hills, the lines of embankments along water create coordinates within which the landscape continually re-emerges. In the composition of the pictorial space the gaze is now held at a new location. In the motion of seeing the mythical space of a seemingly timeless landscape forms, such as appears in René d'Anjou's *Book of Love*, or in some paintings by the Surrealists – a spatial depth that allows one to experience how the space extends and is organized. This space has the quality of a sacred space. The way figure and landscape are configured here allows them to remain in constant contact with the point from which a spatial context originates. Contact with this point of departure brings a shimmer into the pictorial space. Thereby *Katarakt* extends *Pastorale*, and deepens the retrospection into history.

The sacred space of Christian tradition was borne by the crypt, in which the tomb or relic recall not just mortality, but also something going beyond the transitory and the finite – back to the origin of all possibility, which opens itself only in a repudiation of dissipation and oblivion. In the Christian mindscape this turning back, conversio, was a path of ascent. Gnosticism also told of the fall from a world of light into the darkness of the material world, and imagined the return to light as an upward path. Saints stood above this cycle of falling and resurgence. In this tradition they stood upon a high observation point, a specula, upon which they were closer to the divine.

Katarakt / Darling-Nikki-Rose
2008
Öl auf Leinwand / oil on canvas
100 x 85 cm

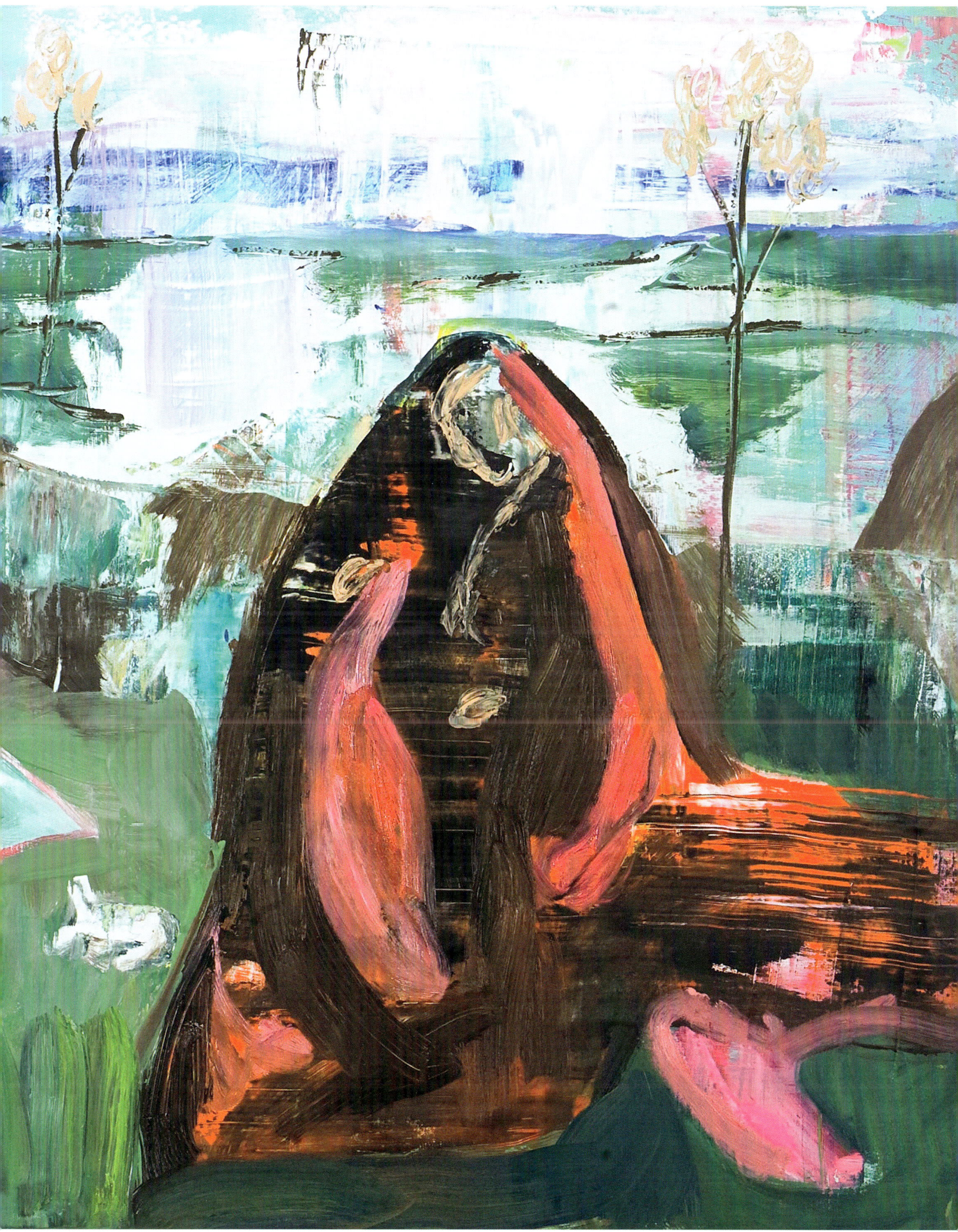

Heidegger hatte die gnostisch-christliche conversio übersetzt in die Umwendung aus der passiv zerstreuten Existenz des anonymen „*Man*" in das aktive Entwerfen des eigenen Daseins. Diese Umkehr trägt in der Abgrenzung des Individuums, in der Klarheit und Exposition, die sie mit sich bringt, auch einen Unterschied der Höhe in sich, einen Weg des Aufstiegs. *Katarakt* trägt dieser Achse auch in ihren späteren Übersetzungen Rechnung: „Katarakt" ist das stürzende Wasser, der Höhenunterschied, die Vertikale.

In seiner Studie zum Traum hat Foucault gezeigt, dass es vor dem räumlichen Sinnzusammenhang, in dem wir uns alltäglich bewegen, Richtungen gibt und Gegensätze, in denen sich die Dimensionen der Existenz erst definieren. Foucault hat sie verbunden mit den Formen der Dichtung: Der Gegensatz von Licht und Dunkelheit bestimmt das Lyrische. Der Gegensatz von Nähe und Entfernung prägt das Epische, den weiten Raum, das chronologische Vorwärtsschreiten, die Zeit einer Wegstrecke – eine Zeit, die sich in sich abzuschließen sucht; eine Zeit, die sich nur in der Wiederholung, in der Wiederkehr und dem neuen Aufbruch selbst erneuern kann. Die vertikale Achse ist das Element des alten Tragischen und seiner Übersetzungen – nicht das Element des Wegs, der abgeschritten wird, sondern die Eröffnung eines Wegs, der Entwurf, der passiv aufgenommen oder aktiv ausgebildet wird, in der Einmaligkeit des Augenblicks oder im monotonen Fluss der Zeit. [4]

Im Medium der Malerei hat *Katarakt* diese drei Ringe ineinander gefügt: Das lyrische Hell-Dunkel ist aufgefächert in das Spiel der Farbe; in der gedehnten Weite des Raums zeigt sich eine epische Landschaft; und in der ständigen Bewegung des Erscheinens ist der Punkt des Anfangs, des Entwurfs immer wieder produktiv. In dieser Poetik unterscheidet sich die Bewegung, in der Landschaft und Figur sich bilden, kippen und neu wieder aufgebaut werden, von einem endlosen Differieren, in dem alles immer wieder anders wird und alles dabei gleich belanglos bleibt: *Katarakt* gibt dem Blick die Möglichkeit, sich im Sehen zu sammeln, die Bewegung des Erscheinens zu bewohnen. Die Verbindung des Johannes-Bilds mit dem Hieronymus-Motiv erinnert hier an eine Gegenwendung in der frühen Kirche, an den Widerstreit zwischen der Tendenz, sich abzuwenden von der Welt und der Tendenz, sie zu bewohnen, sich in sie einzupflanzen. *Katarakt* bringt beide in der Gegenwart zusammen in einen Aufenthalt in der Bewegung.

Heidegger translated the conversio of Christian Gnosticism into a turn from the passively diffuse existence of an anonymous "*Man*" into the active design of one's own existence. This reversal also bore, in its demarcation of the individual and in the clarity and exposition it brought with it, a difference in altitude, and a path of ascent. *Katarakt* also takes this axis into consideration in its later interpretations: 'Katarakt' (cataract) refers to plummeting water, a difference in altitude, and the vertical.

In his essay on dreams, Foucault showed that anterior to the spatial context of meaning in which we move in everyday life, there are directions and contrasts within which the dimensions of existence are first defined. Foucault connected them with the forms of poetry: the contrast between light and darkness defines the lyrical. The contrast between proximity and distance puts its stamp upon the epic, the spatial expanse, chronological advancement, and the time it takes for a journey – a time period that seeks to enclose itself within itself, that can only renew itself in repetition, return, and new departure. The vertical axis is the element of ancient tragedy and its translations – not an element of the road being travelled, but the opening of a pathway, a projection that may be passively absorbed or actively developed, into the uniqueness of the instant or the monotonous flow of time. [4]

Within the medium of painting *Katarakt* has interwoven these three rings together: the lyrical light-dark unfolds in the interplay of the colours; an epic landscape appears in the broad expanse of their space, and within the constant motion of their manifestation one can again and again productively find the point of beginning and of conception. In these poetics the motion within which landscape and figures form and slip away, to then be rebuilt, is distinct from endless variation in which everything constantly changes and yet thereby remains similarly insignificant. *Katarakt* allows the gaze to collect itself in the act of viewing, and to inhabit the motion of manifestation. The connection of the St. John painting with the Hieronymus motif is reminiscent here of a counter-movement in the early church, of the conflict between the tendency to turn away from the world and the tendency to inhabit it, to plant oneself within it. *Katarakt* brings both of these together in the present, within a sojourn in the motion.

---

[4] *Foucault, a.a.O., S. 132–6 / 69–75.*

[4] *Foucault, op. cit., p. 132–6 / 69–75.*

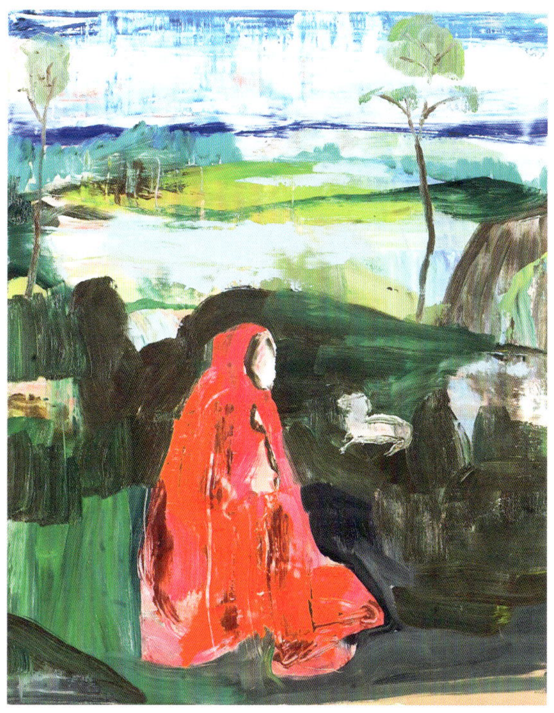

Katarakt / St. John The Baptist I
2008
Öl auf Leinwand / oil on canvas
100 x 80 cm

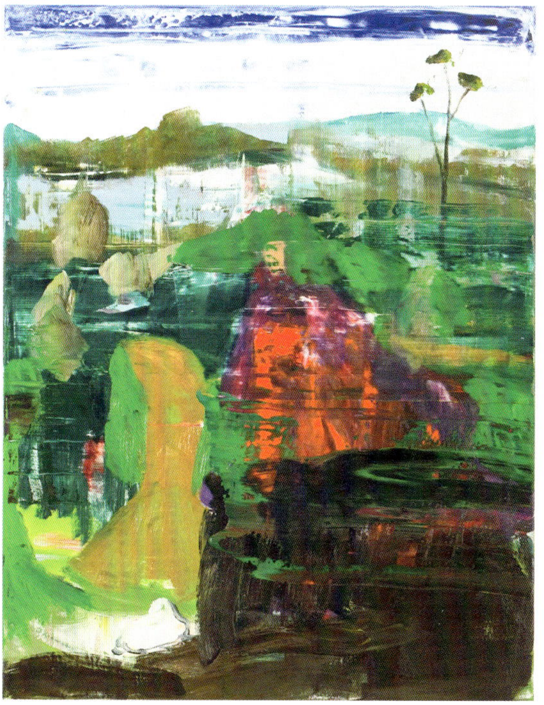

Katarakt / St. John The Baptist II
2008
Öl auf Leinwand / oil on canvas
100 x 80 cm

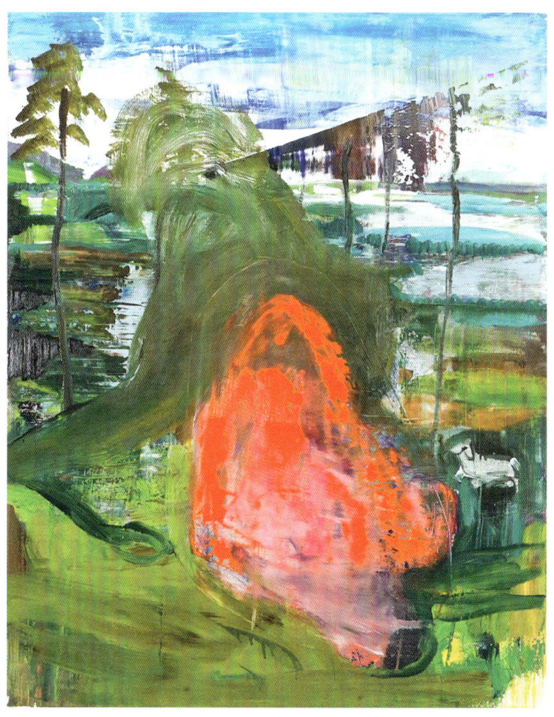

Katarakt / St. John The Baptist III
2008
Öl auf Leinwand / oil on canvas
100 x 80 cm

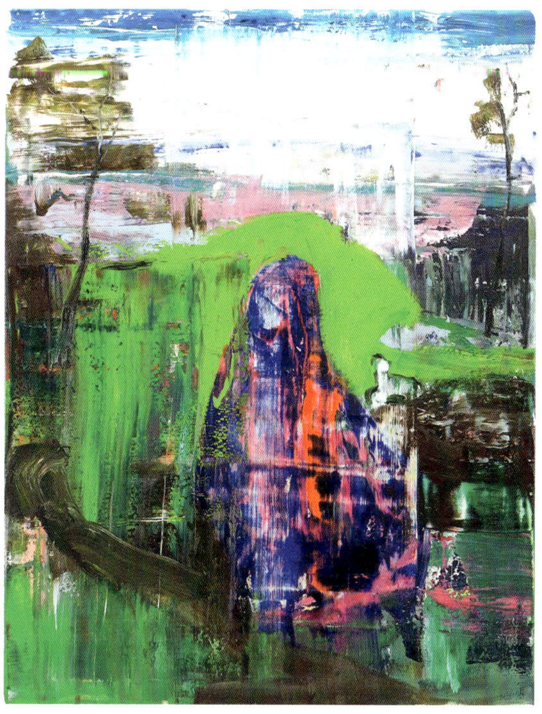

Katarakt / St. John The Baptist IV
2008
Öl auf Leinwand / oil on canvas
100 x 80 cm

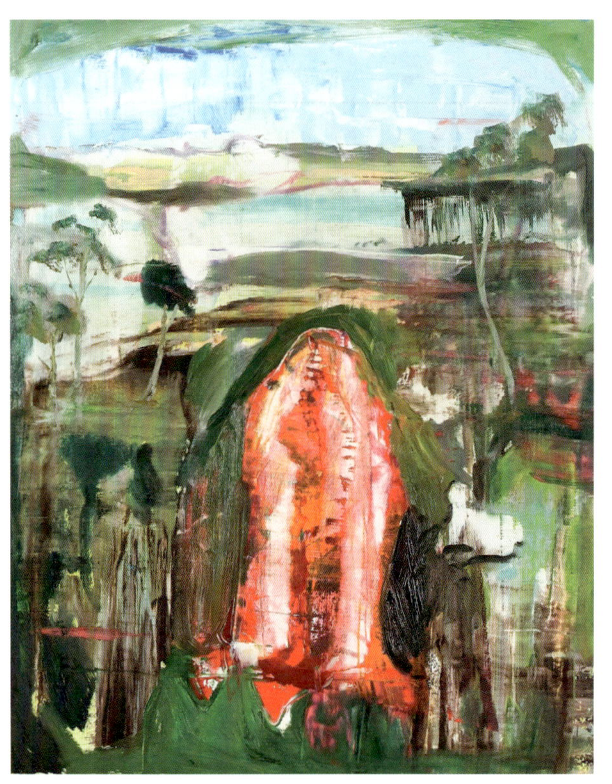

Katarakt / St. John The Baptist V
2008
Öl auf Leinwand / oil on canvas
100 x 80 cm

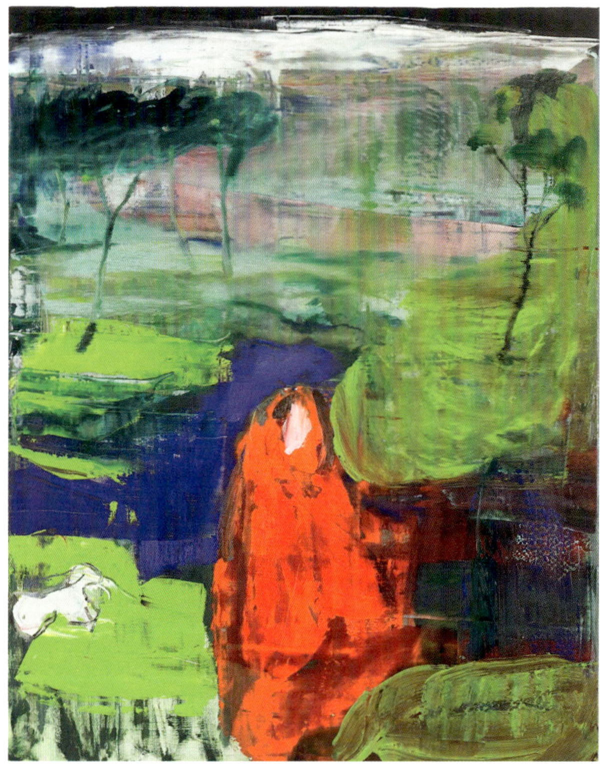

Katarakt / St. John The Baptist VI
2008
Öl auf Leinwand / oil on canvas
100 x 80 cm

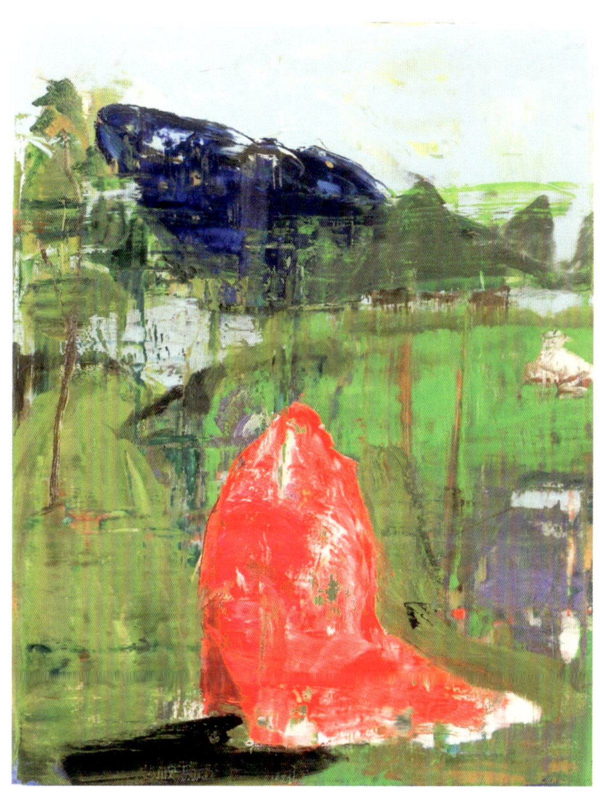

Katarakt / St. John The Baptist VII
2008
Öl auf Leinwand / oil on canvas
100 x 80 cm

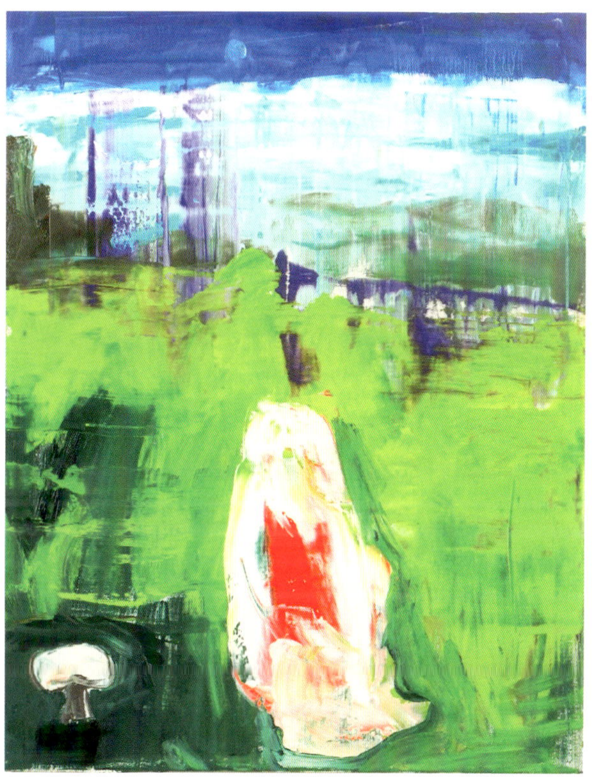

Katarakt / St. John The Baptist VIIII
2008
Öl auf Leinwand / oil on canvas
100 x 80 cm

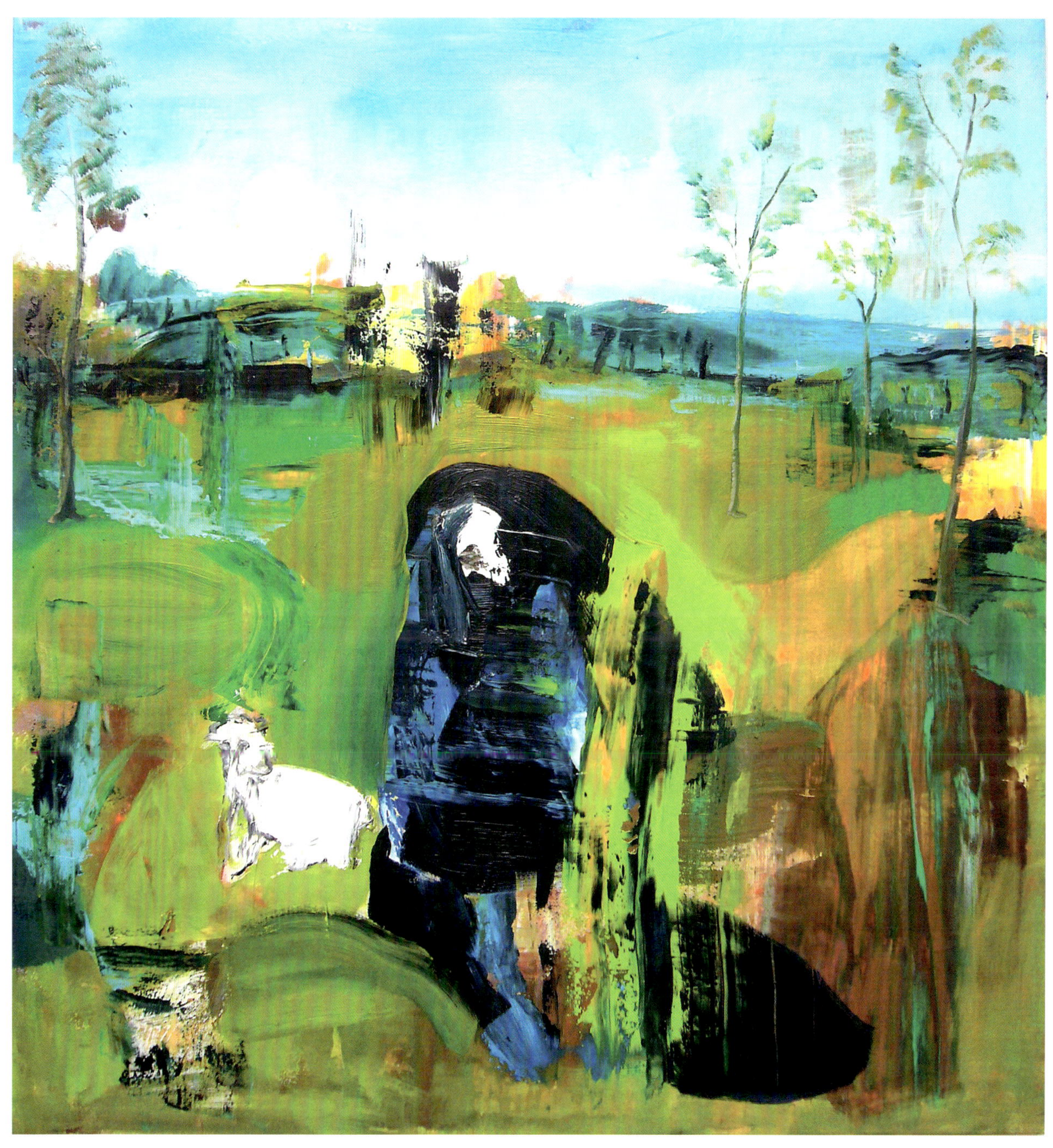

Katarakt
2008
Öl auf Leinwand / oil on canvas
110 x 115 cm

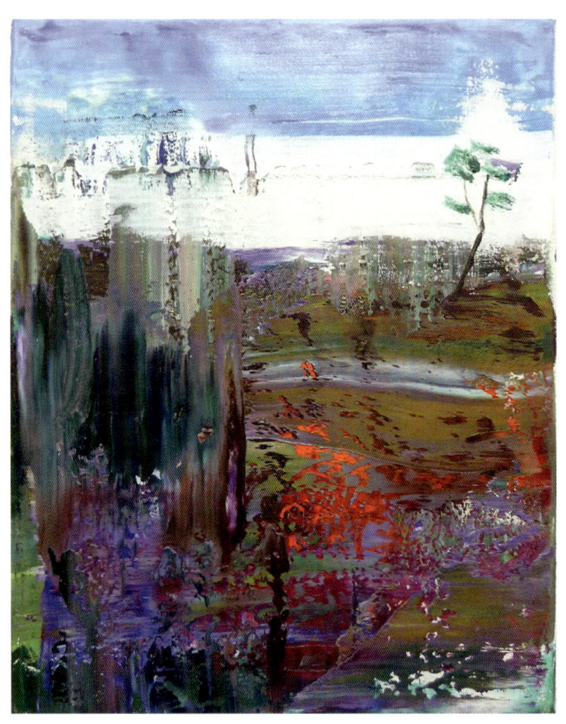

Katarakt-Landschaft
2008
Öl auf Leinwand / oil on canvas
50 x 40 cm

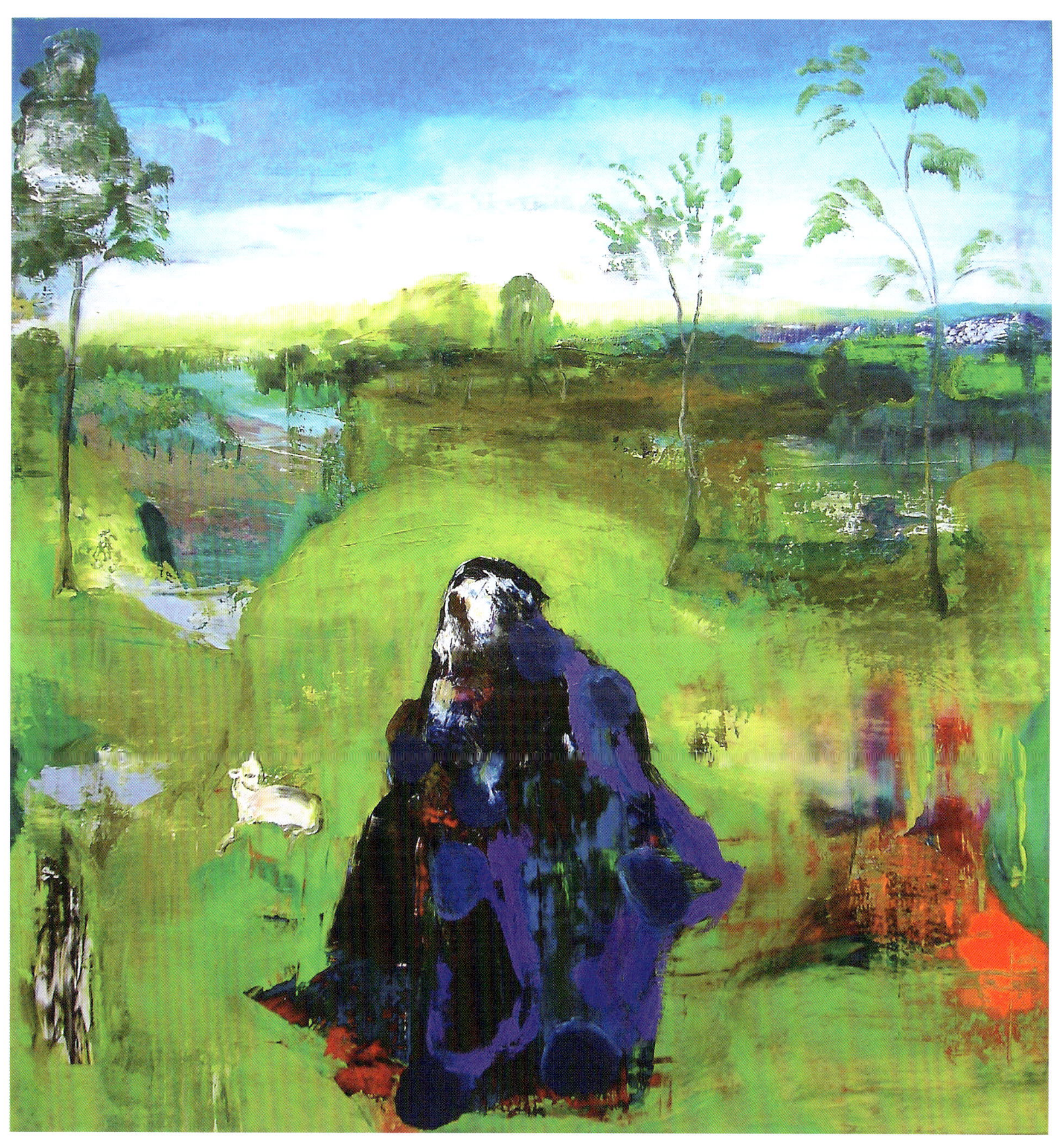

Katarakt in der Einöde
2008
Öl auf Leinwand / oil on canvas
110 x 115 cm

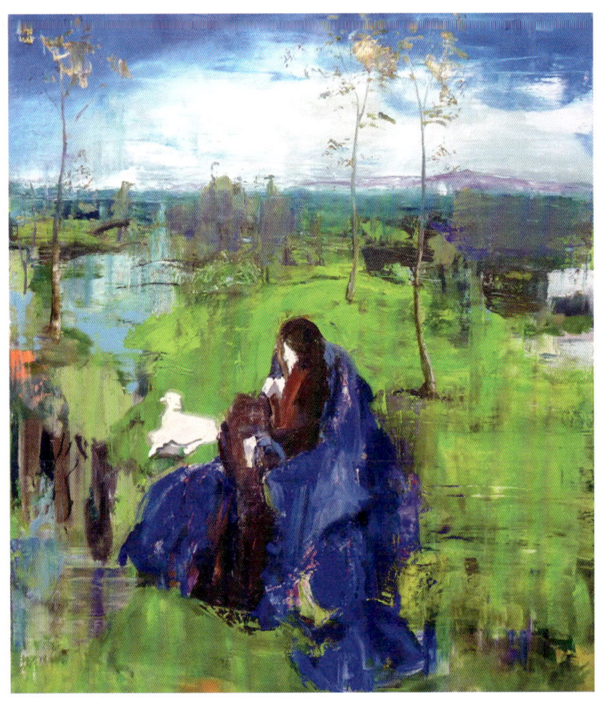

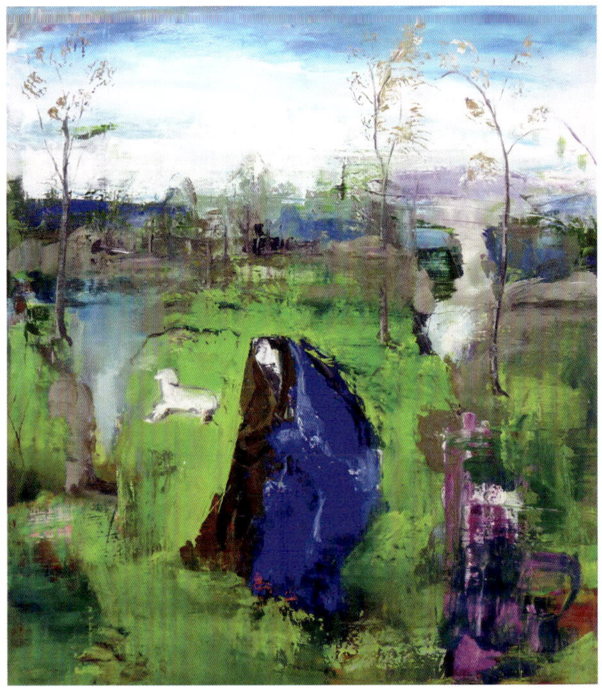

Blauer Katarakt
2010
Öl auf Leinwand / oil on canvas
130 x 115 cm

Brauner Katarakt II
2010
Öl auf Leinwand / oil on canvas
130 x 115 cm

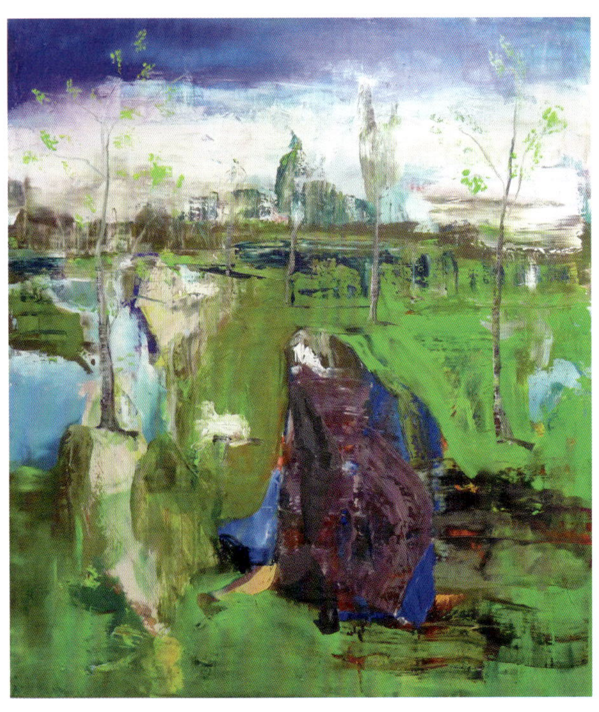

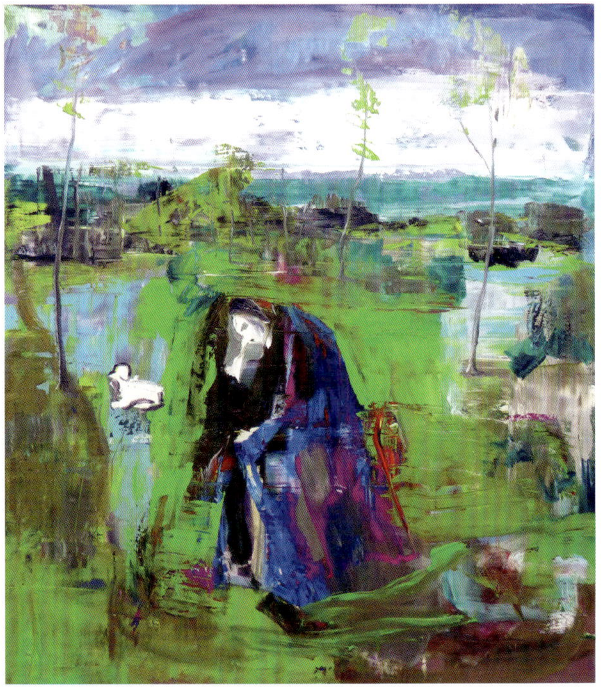

Brauner Katarakt I
2010
Öl auf Leinwand / oil on canvas
130 x 115 cm

Purple Katarakt
2010
Öl auf Leinwand / oil on canvas
135 x 115 cm

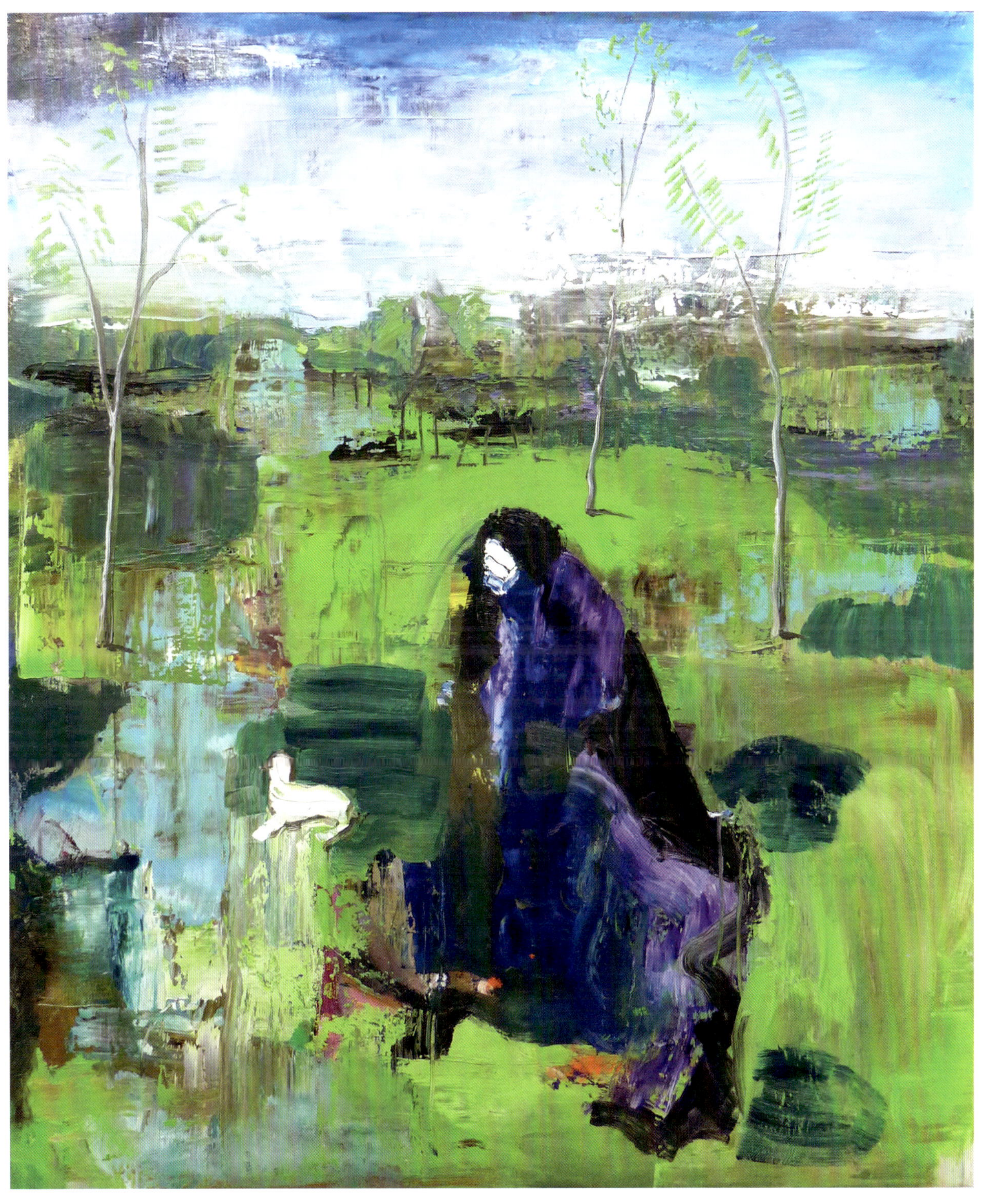

Violetter Katarakt
2010
Öl auf Leinwand / oil on canvas
135 x 115 cm

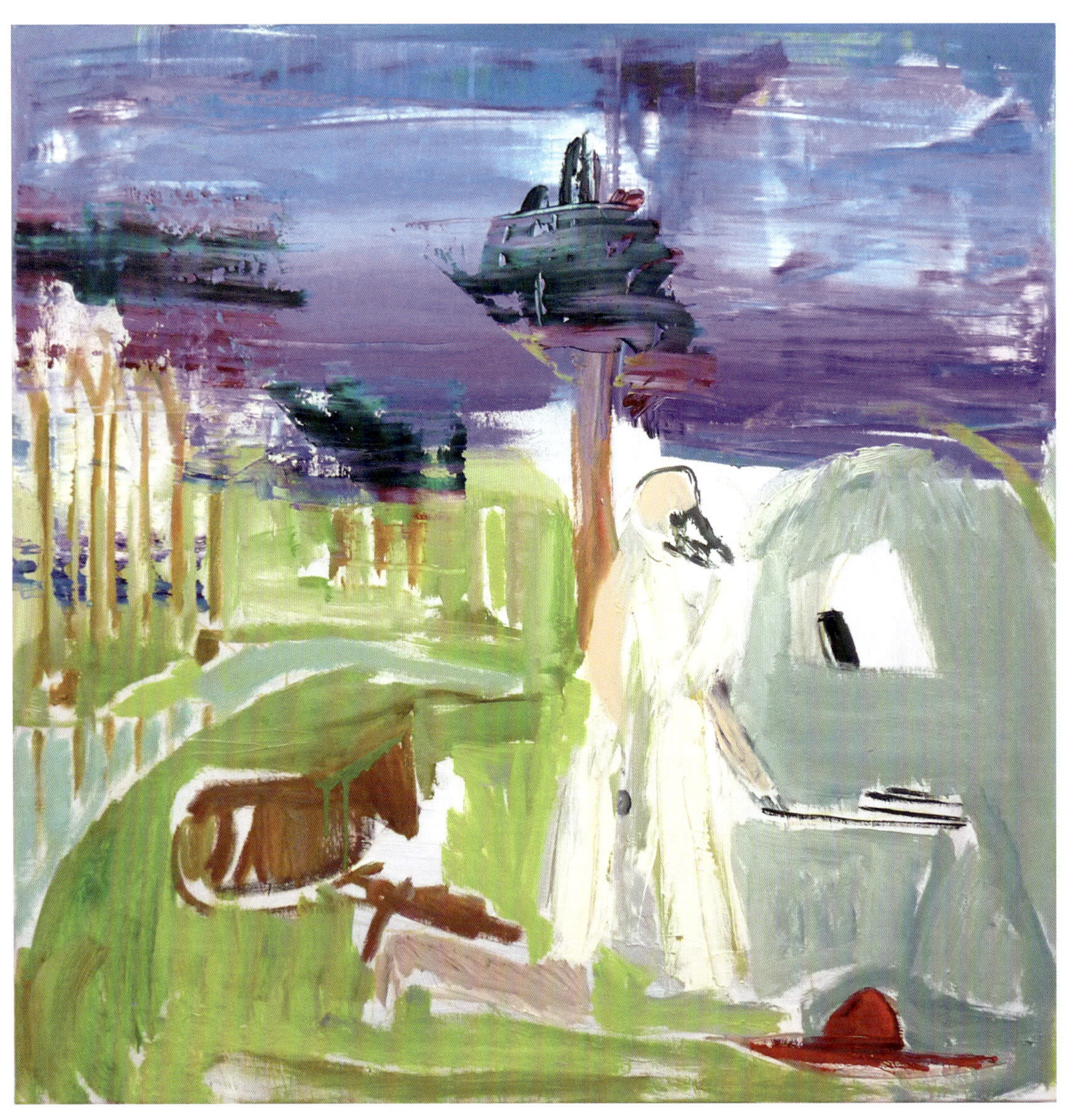

Hieronymus PDF 2
2010
Öl auf Leinwand / oil on canvas
91 x 91 cm

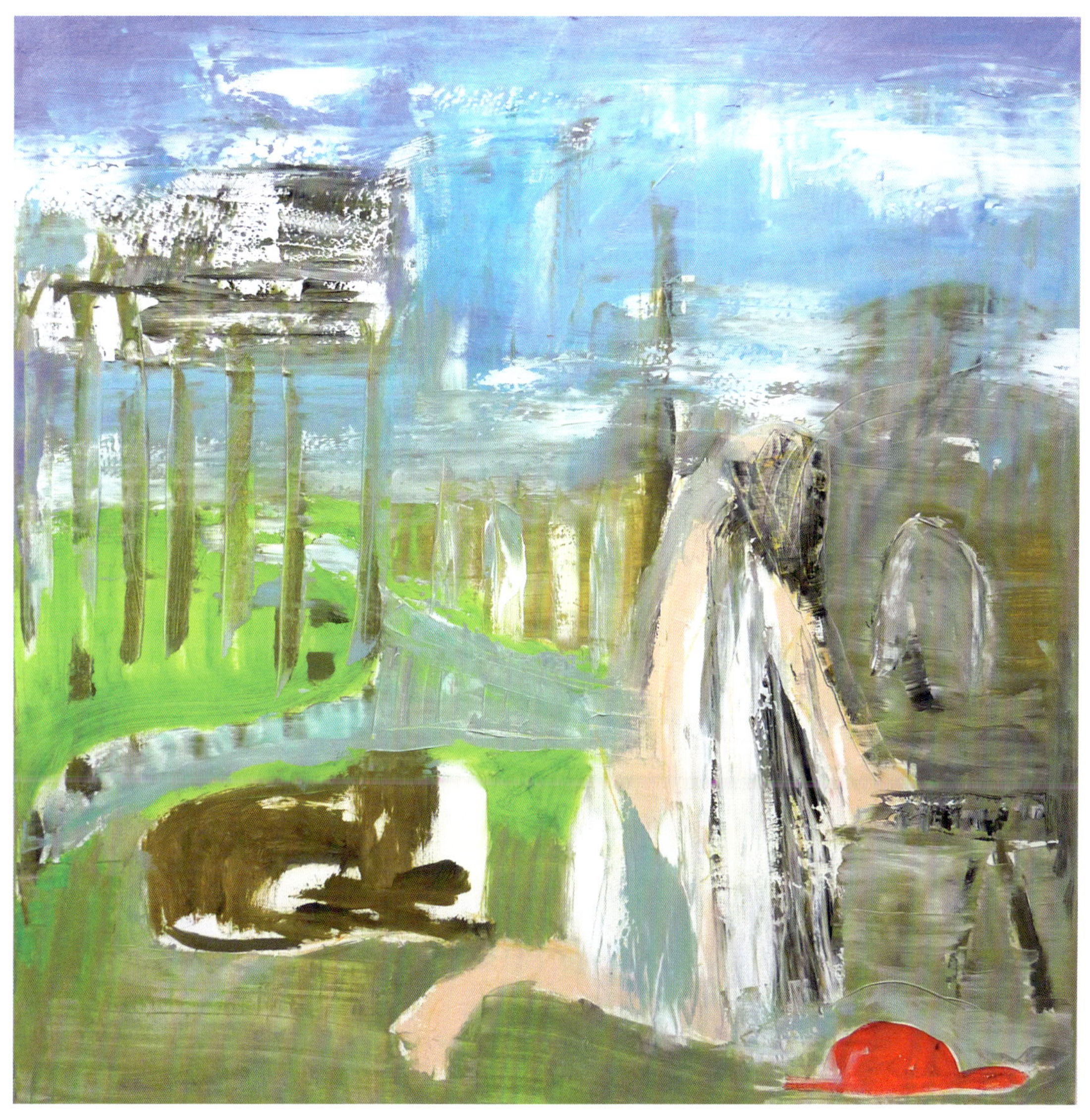

Hieronymus PDF 1
2010
Öl auf Leinwand / oil on canvas
91 x 91 cm

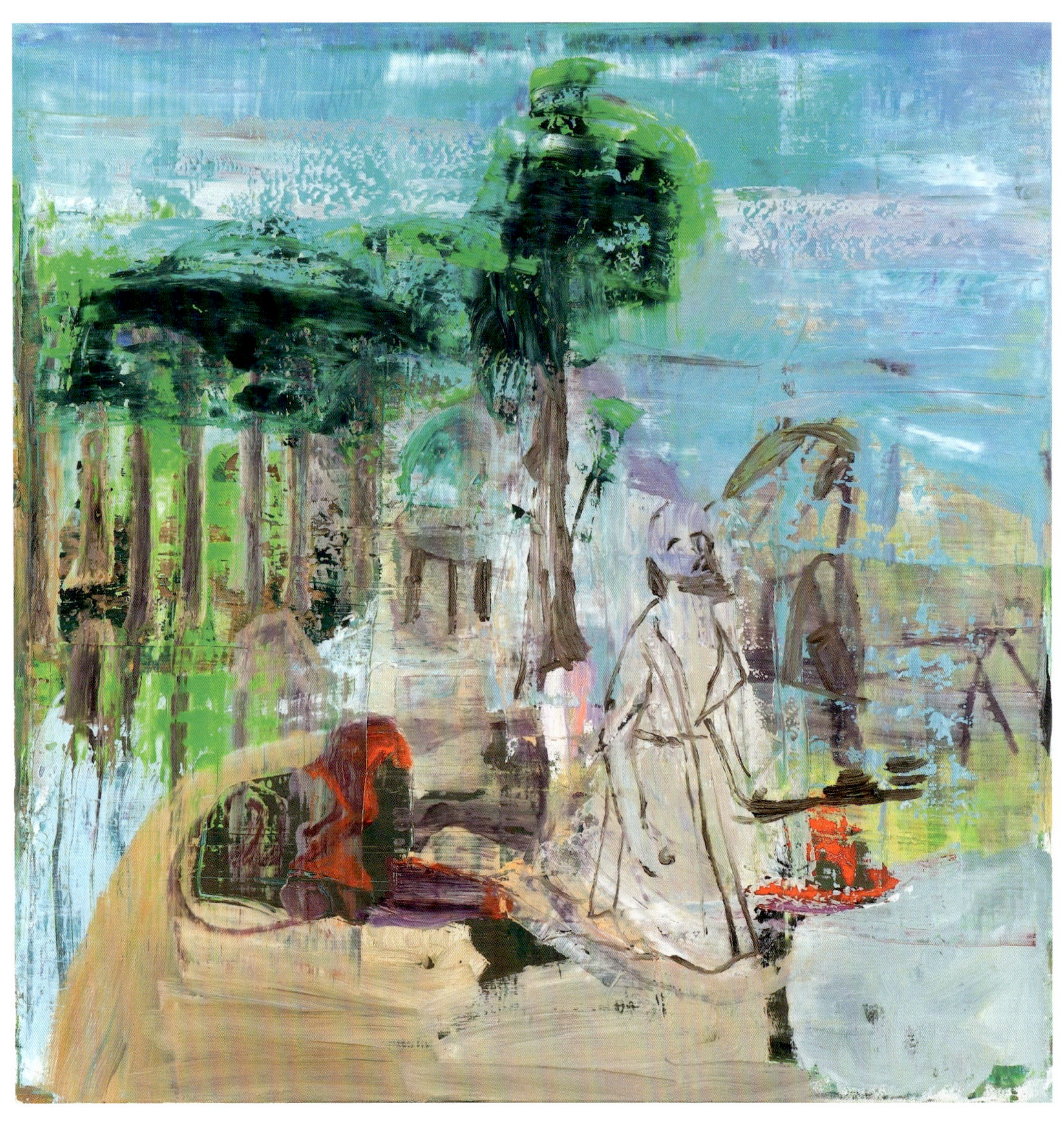

Hieronymus PDF 3
2010
Öl auf Leinwand / oil on canvas
91 x 91 cm

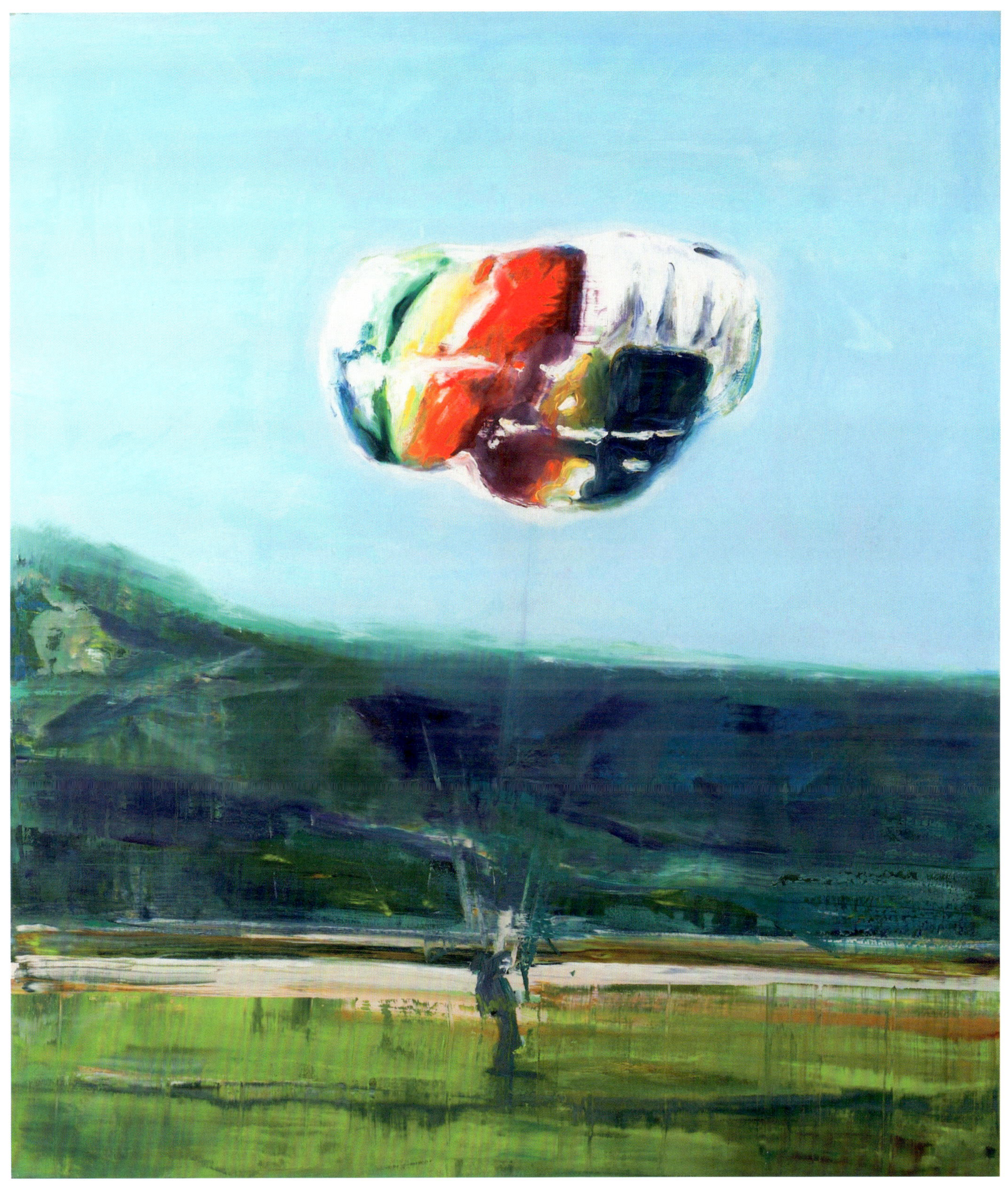

Telekommander
2009
Öl auf Leinwand / oil on canvas
150 x 140 cm

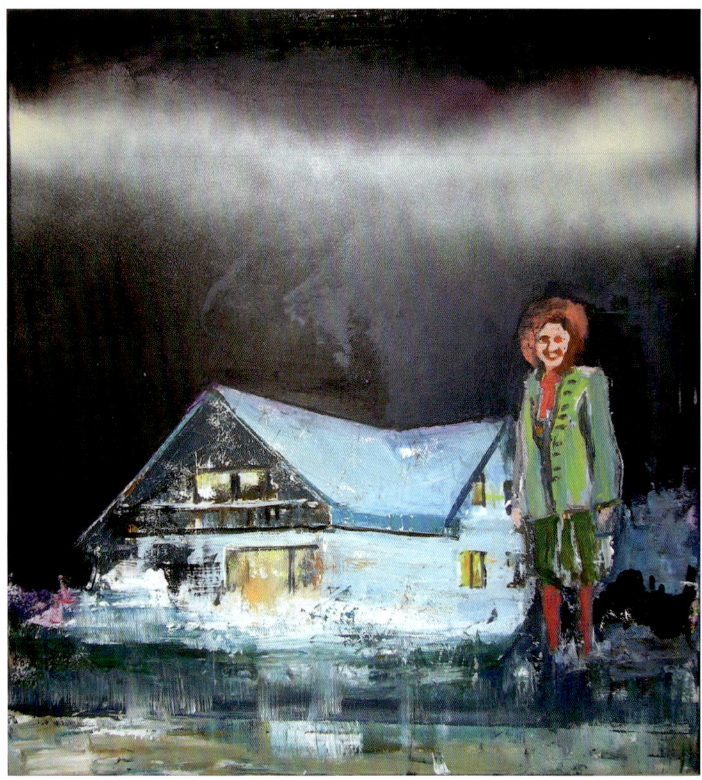

Boreal
2009
Acryl und Öl auf Leinwand / acrylic and oil on canvas
95 x 90 cm

„Wenn Malerei historisch betrachtet ein kulturelles Werkzeug des Erinnerns ist, treffen sich auf den Gemälden von Claus Brunsmann die verschiedensten Ebenen dieses subjektiven Bewusstseins, das wir Wirklichkeit nennen. Was sie ausmacht, ist ein individuelles Überlagern und immer wieder neu Zusammenfügen innerer und äußerer Bilder – unser persönliches Universum, über das hinweg wir in benachbarte Welten blicken und Teile daraus aufnehmen, verknüpfen, bewahren, auslassen oder gedanklich weiter entwickeln. Auf diese Weise entsteht ein feines Vibrieren von Bedeutung, das im physikalischen Sinne dem Licht und seiner Wirkung entspricht."

Aus der Pressemitteilung zur Ausstellung „Claus Brunsmann / Malerei",
Petra Rietz Salon Galerie, Berlin, 2011

"Painting, looked at from an historical point of view, may be seen as a cultural tool of memory. If it is, then the most diverse levels of this subjective consciousness that we call 'reality' converge in Claus Brunsmann's paintings. They are characterised by individual layering and repeated coalescing of internal and external images – our personal universe, across which we peek into neighbouring worlds, parts of which we absorb, connect, maintain, omit or develop further in our minds. In this way, a subtle vibration of meaning occurs, corresponding to the physical properties and effects of light."

from the press release for the exhibition "Claus Brunsmann / Painting",
Petra Rietz Salon Galerie, Berlin, 2011

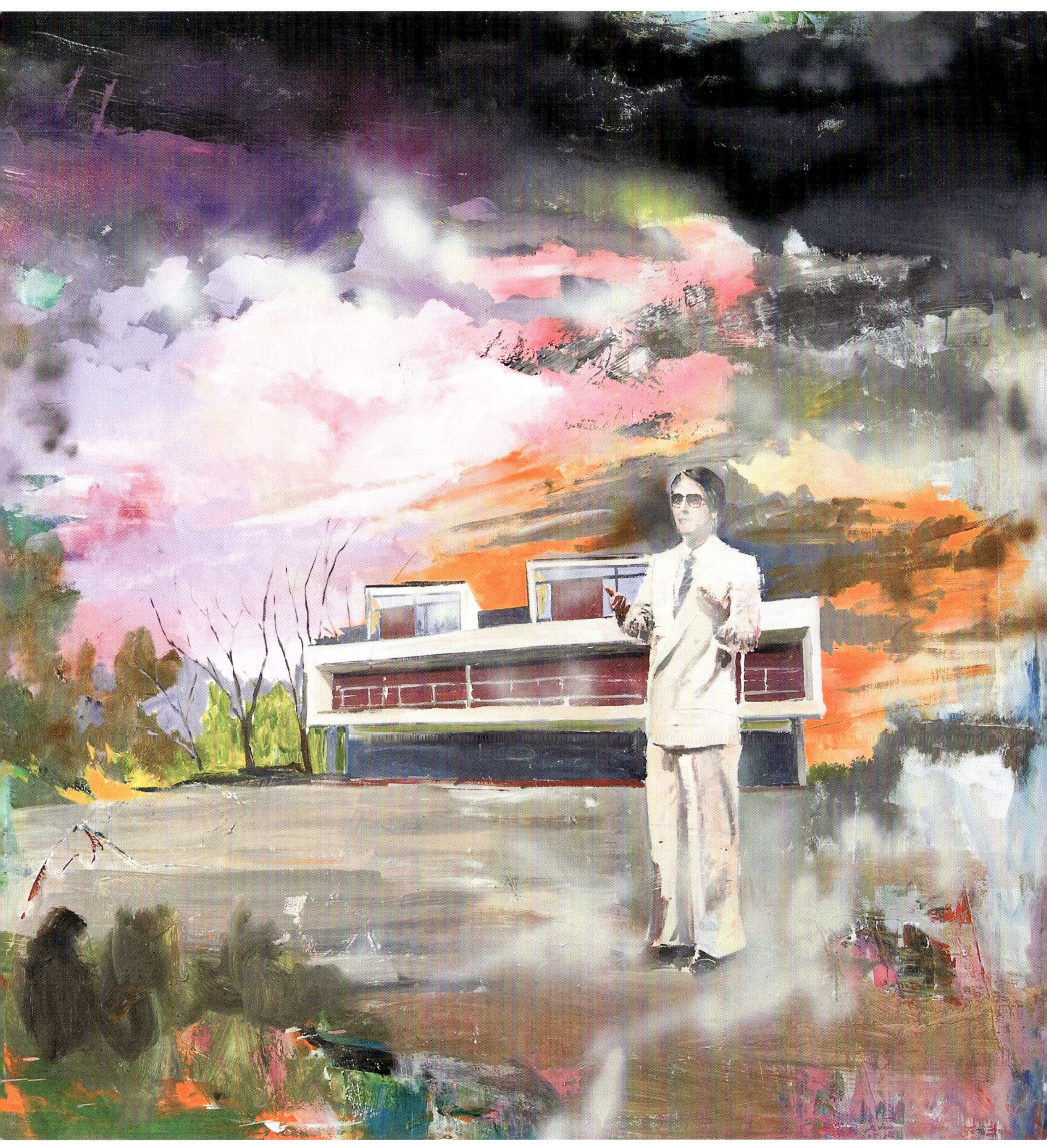

Eternite
2012
Acryl und Öl auf Leinwand / acrylic and oil on canvas
200 x 200 cm

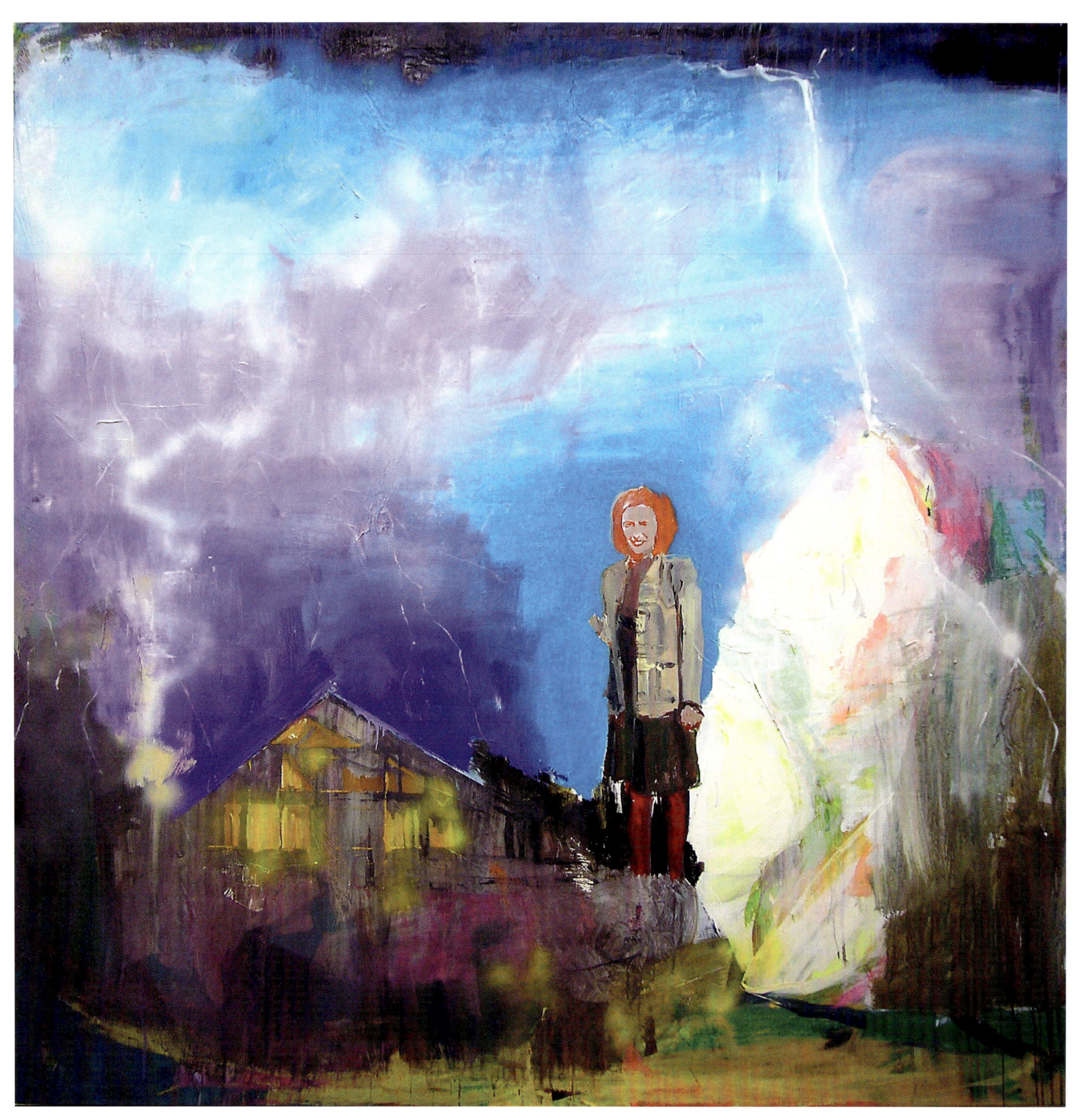

Flash
2009
Acryl und Öl auf Leinwand / acrylic and oil on canvas
200 x 200 cm

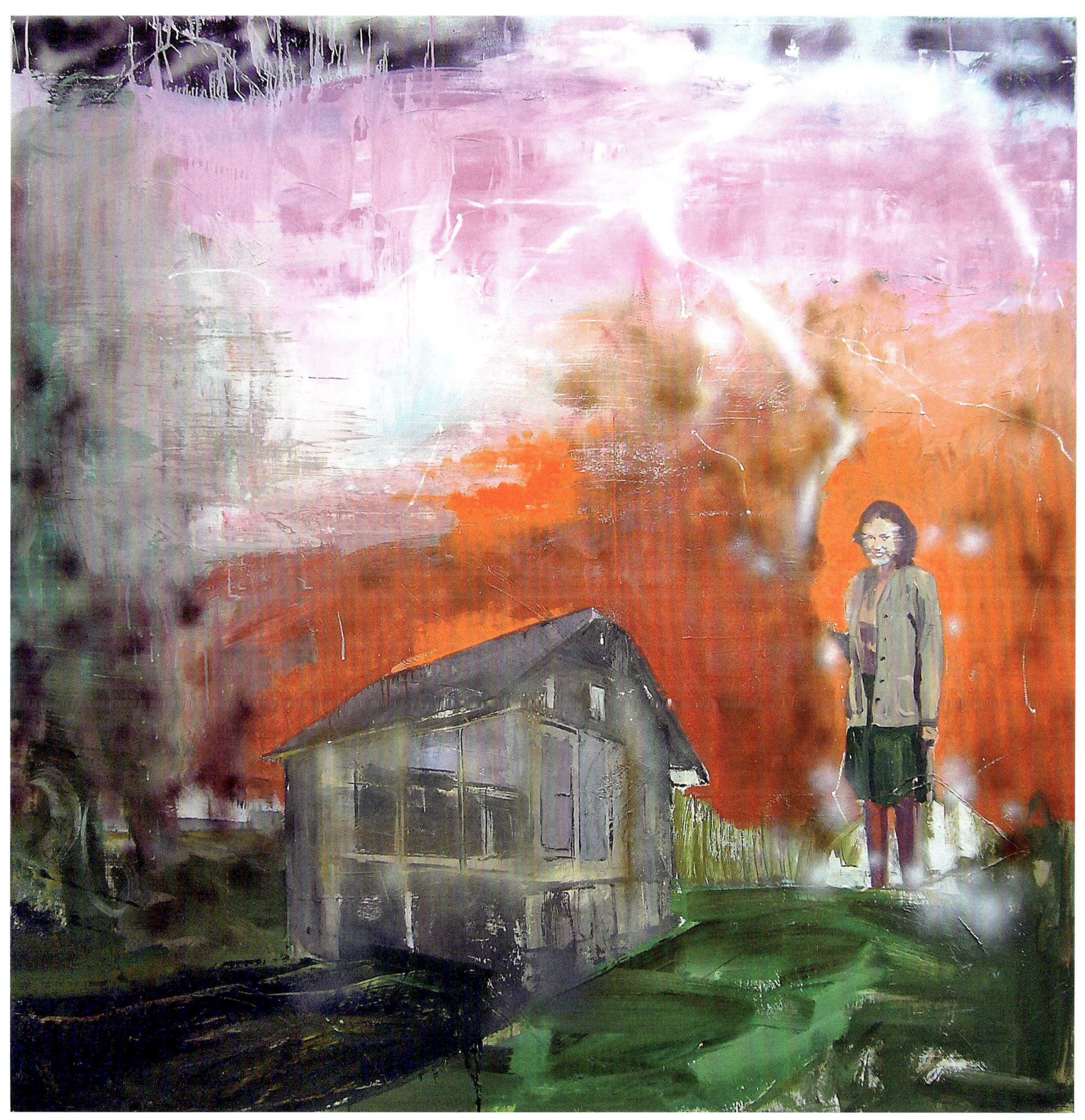

Prometheus
2009
Acryl und Öl auf Leinwand / acrylic and oil on canvas
200 x 200 cm

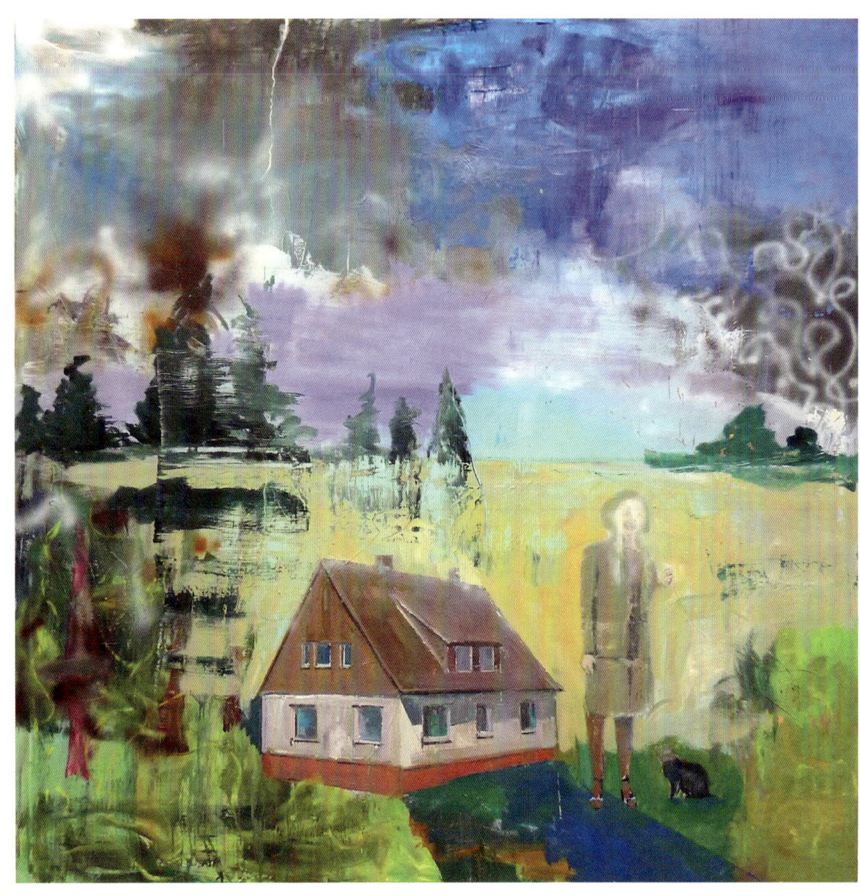

Grandmother
2009
Acryl und Öl auf Leinwand / acrylic and oil on canvas
200 x 200 cm

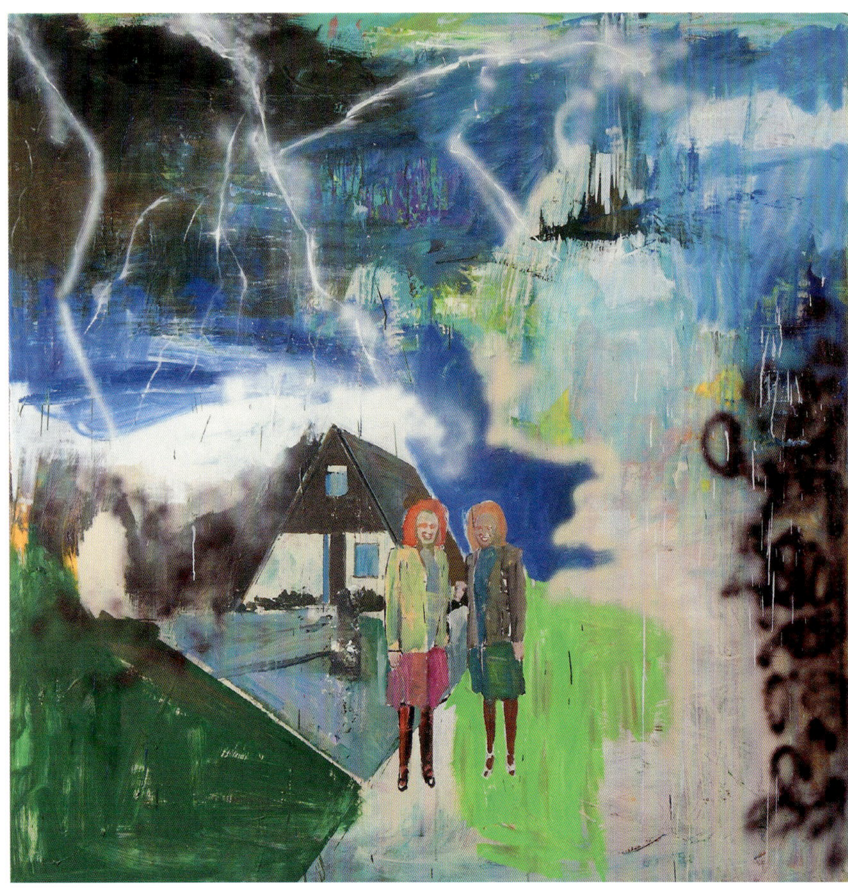

Twins
2009
Acryl und Öl auf Leinwand / acrylic and oil on canvas
200 x 200 cm

RÄTSELHAFTE WESEN IM BILDRAUM
von Alexander Sairally

In seinem Werkkomplex *Idole, Untote und Wiedergänger* spannt Claus Brunsmann einen weiten formalen und inhaltlichen Bogen, der film-, literatur- und kunstgeschichtliche Referenzen gleichermaßen einbezieht.

In diesem Zyklus beschäftigt sich der Künstler mit der Frage, inwieweit Illusion und Realität überhaupt voneinander trennbar sind. Es sind Bilder, die sich mit dem Erinnern auseinandersetzen und von den Fragen und der Fragwürdigkeit einer erinnerten Wirklichkeit handeln, die außer aus Sichtbarem schließlich auch aus Ängsten, Wünschen, Träumen und Albträumen besteht. In Brunsmanns Wiedergängern begegnen wir diesen, ob wir wollen oder nicht.

Schattenlose Figuren schweben in zentraler Position im Bildraum und verunsichern uns. Wer sind diese Menschen, die in den Randzonen menschlicher Zivilisation auftauchen, posieren, warten oder mit uns zu diskutieren scheinen?

Es handelt sich um Männer, Frauen, Männerpaare und Männergruppen im Niemandsland von einsamen, unwirtlich wirkenden Landschaften. Im Anzug oder Jackett und mit akkuratem Schlips, den Blick ins Unbestimmte gerichtet, treten diese Alltagsgestalten unauffällig und zugleich störend in Erscheinung. Einige dieser männlichen Figuren im perfekt sitzenden Anzug und mit selbstbewusster Geste *(Life And Times Of Bohemians)* haben sich aus dem geschäftigen Finanz- und Businesszentrum der Wall Street in eine geheimnisvolle Landschaft verirrt. Andere Figuren vermitteln den Eindruck, aus amerikanischen B- oder C-Movies der 70er Jahre *(Ray's Light),* in die Stille der suburbanen Peripherie transplantiert worden zu sein.

In den meisten Bildern erscheinen die Figuren seltsam teilnahmslos und gedankenverloren, sie erwecken den Eindruck, in einer eigenen, unsichtbaren Sphäre eingesponnen zu sein. Tatsächlich können sie als entortete Personen bezeichnet werden, die aus einem anderen topografischen und temporalen Raum in die anonymen Umgebungen der Bildlandschaft hinein versetzt wurden. An ihren neuen Orten haben sie die Eigenschaft von Fremdkörpern. Zugleich aber besetzen sie den vorgegebenen Ort und verwandeln ihn durch ihre Anwesenheit.

So erinnert beispielsweise die Szenerie des Bildes *Senior Shine* an die Peripherie der Großstädte, wo die Laternen spärlicher werden und die Straßen selten von Menschen bevölkert sind. In den Mansardenwohnungen dieser erratischen Umgebung, so berichtet Thomas Mann in seiner 1904 erschienenen Erzählung *Beim Propheten,* leben „junge bleiche Genies", die sich mit verschränkten Armen hochfliegenden intellektuellen Ambitionen hingeben. Könnte die junge Frau nicht eine von ihnen sein?

Claus Brunsmanns rätselhaften, übersinnlichen und mystischen Bilder erzeugen ein Fluidum, das über die Grenzen des Bildformats in den (Betrachter-) Raum hinausstrahlt. Brunsmann erreicht das über eine Palette, die in ihrer Farbigkeit wie Energiepartikel einer Trancelandschaft wirkt. In dieser Trancewelt erscheinen die dargestellten Menschen als Vermittler zwischen der diesseitigen und der übernatürlichen Welt.

MYSTERIOUS BEINGS IN PICTORIAL SPACE
by Alexander Sairally / *Translation by Sean Gallagher*

In his series *Idols, Undeads and Revenants*, Claus Brunsmann covers a broad range both formally and in terms of content, including references to film, literature and art history equally.

In this cycle the artist deals with the question of the extent to which, or even whether, illusion and reality can be separated from one another. These are paintings that grapple with memory and deal with the question and questionability of a remembered reality. Besides the visible, this reality consists solely of fears, desires, dreams and nightmares, and we encounter these in Brunsmann's *Wiedergängern*, whether we want to or not.

Shadowless figures hover centrally in the pictorial space and unnerve us. Who are these people who emerge on the fringes of human civilization, posing, waiting, or appearing to debate with us?

These are men, women, pairs and groups of men in a no-man's-land of lonely, seemingly inhospitable landscapes. In suits or jackets with neat ties, and gazing into nowhere, these everyday figures appear unobtrusive yet at the same time disturbing. Some of these male figures in perfectly fitting suits with self-confident mannerisms *(Life And Times Of Bohemians)* seem to have wandered out of Wall Street's financial and business district and become lost in a mysterious landscape. Other figures give the impression that they were transplanted out of American B or C movies of the 1970s *(Ray's Light)* into the tranquillity of the suburban outskirts.

In most of the paintings the figures seem strangely apathetic and lost in thought, and create an impression of being cocooned in their own, invisible sphere. They could in fact be characterised as displaced persons, who have been transported from another topographical and temporal space into the anonymous surroundings of a pictorial landscape.
In their new locations they have the character of foreign objects. At the same time, however, they occupy their prescribed spaces and transform them through their presence.

Thus for example the scene of the painting *Senior Shine* is reminiscent of the outskirts of a big city, where the streetlamps become scanter and the streets are seldom full of people.
In the attic flats of these erratic surroundings, as Thomas Mann reported in his story *At the Prophet's*, published in 1904, live „young pale geniuses" who with folded arms indulge in lofty intellectual ambitions. Could the young woman be one of them?

Claus Brunsmann's mysterious, extrasensory and mystical paintings create an atmosphere that radiates beyond the boundaries of their frames into (the viewer's) space. Brunsmann achieves this through a palette, the colourfulness of which makes it seem like energy particles in a trance landscape. In this trance world, the people portrayed appear as mediators between this realm and that of the supernatural.

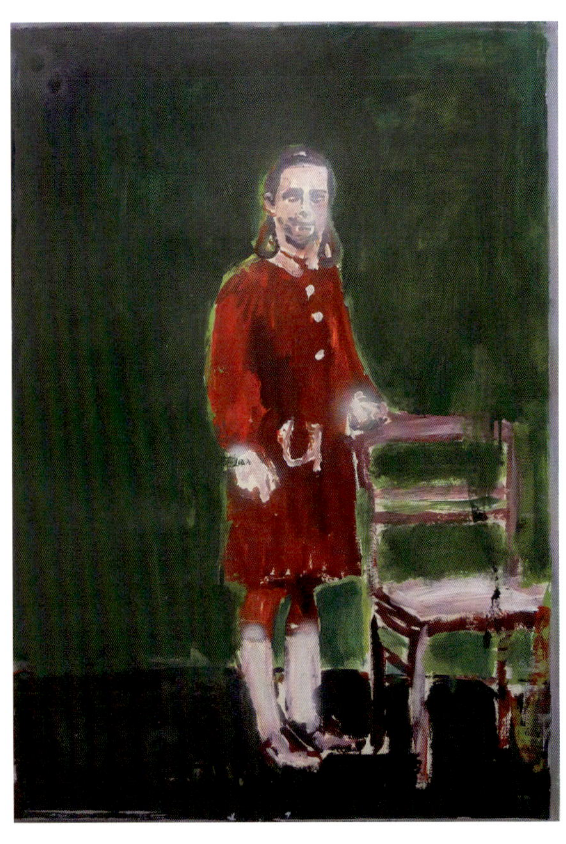

Louise
2011
Mischtechnik auf Papier / mixed media on paper
100 x 70 cm

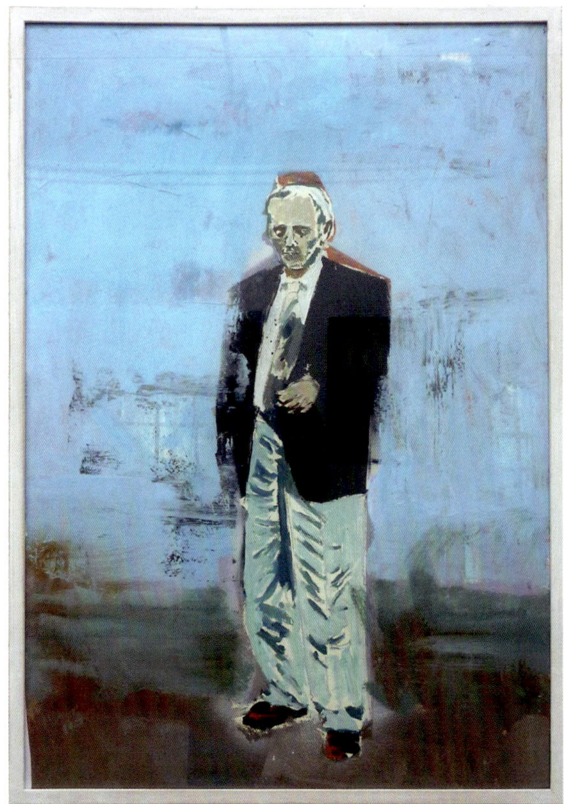

Herman
2011
Mischtechnik auf Papier (gerahmt) / mixed media on paper (framed)
100 x 70 cm

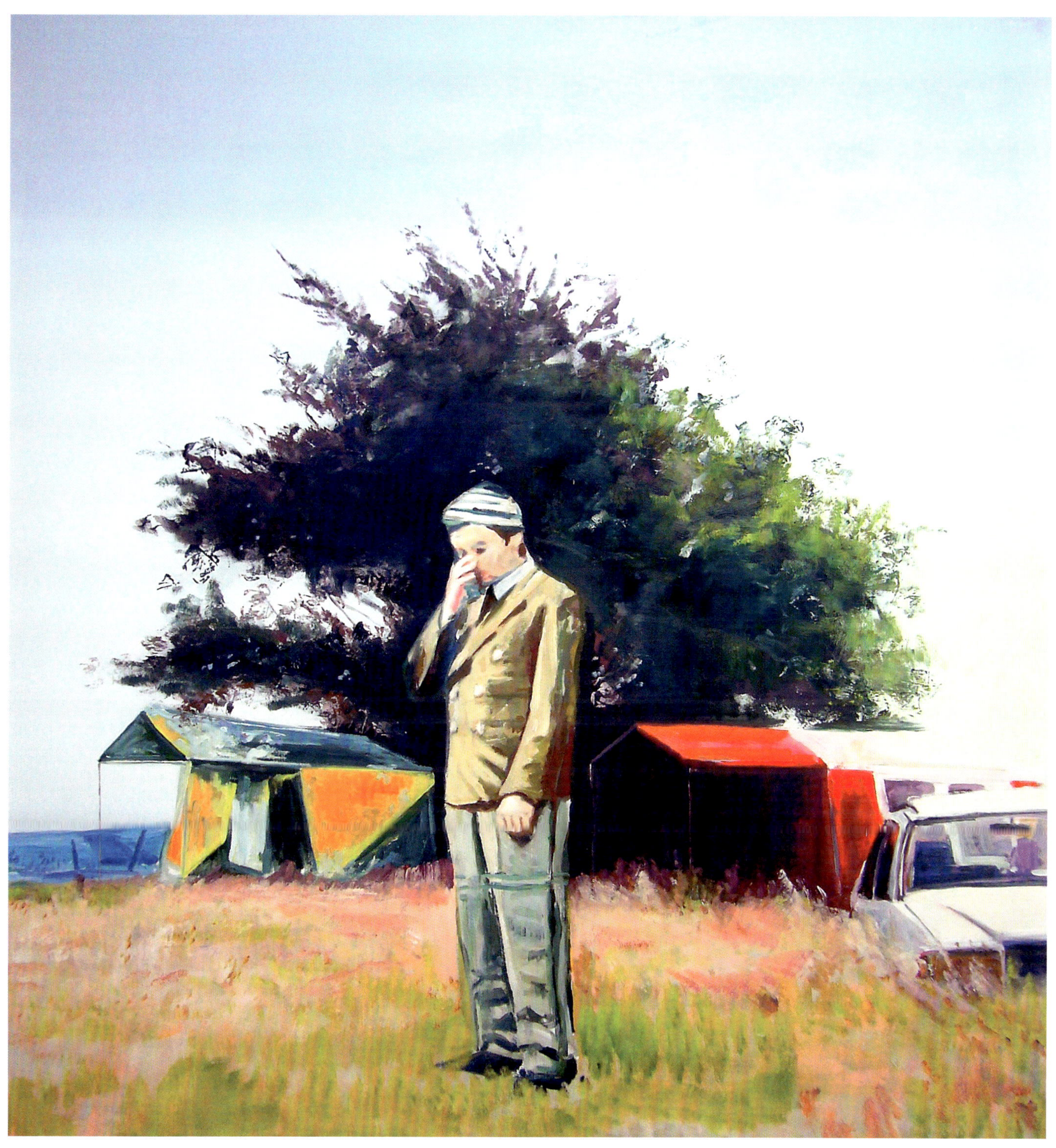

Clerk
2009
Öl auf Leinwand / oil on canvas
140 x 130 cm

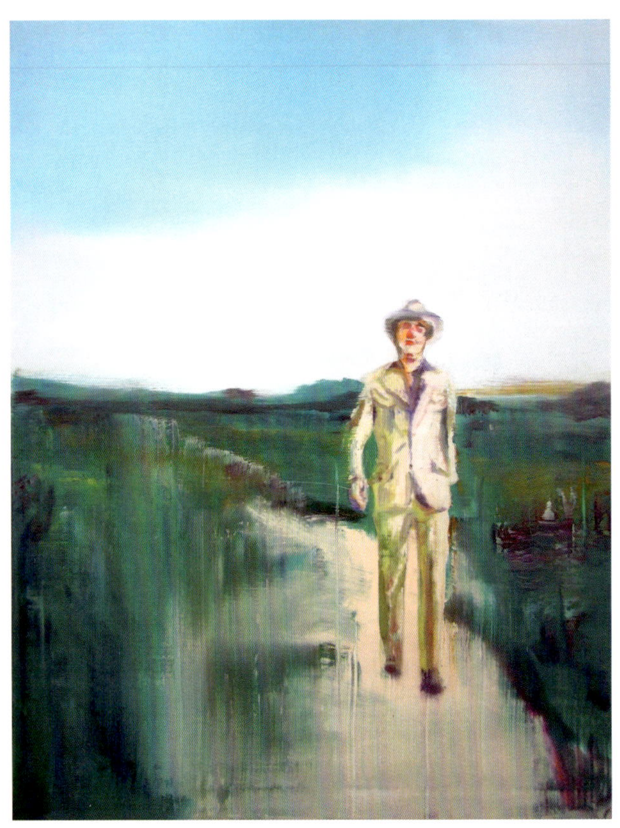

Joseph
2009
Öl auf Leinwand / oil on canvas
90 x 70 cm

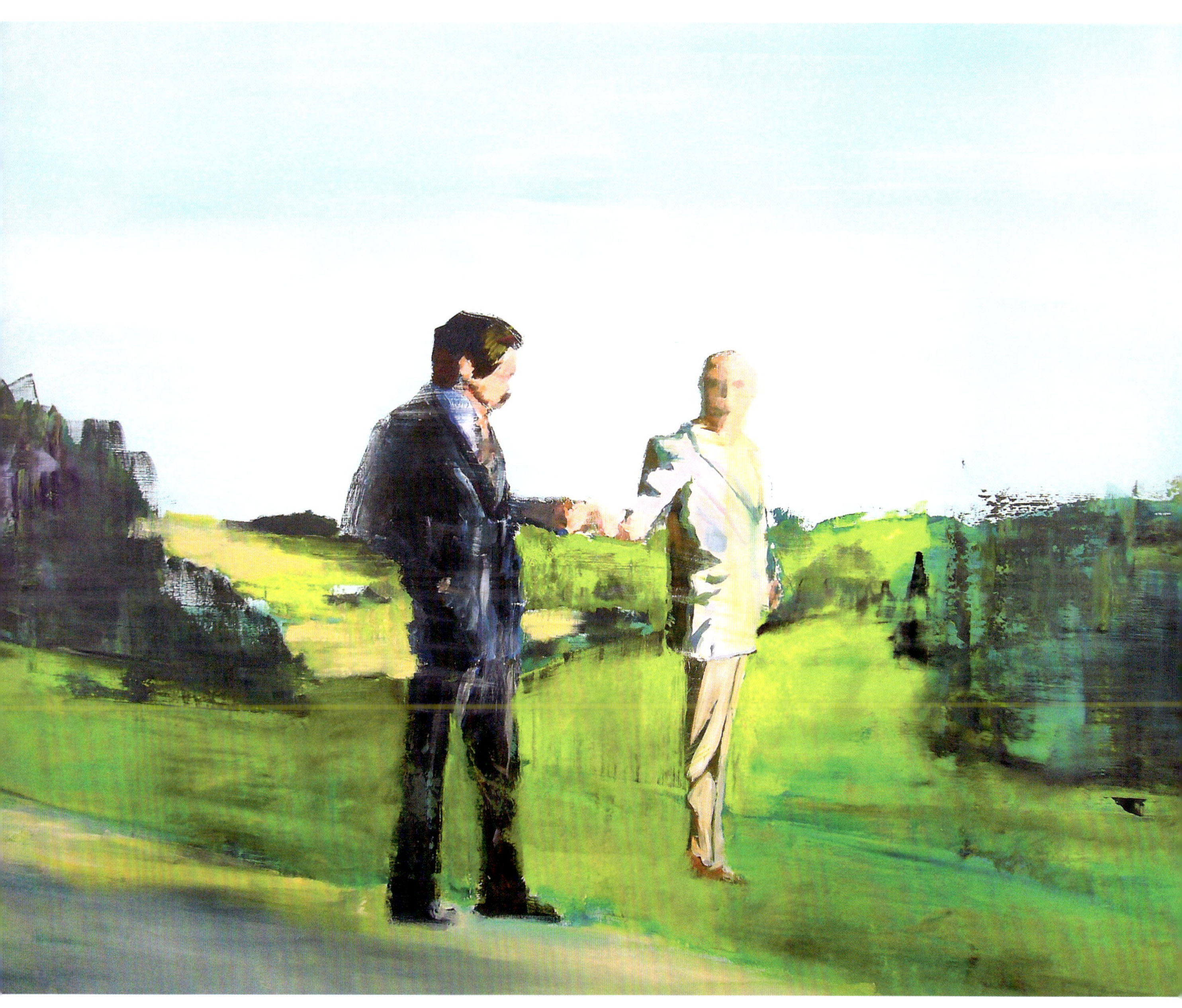

Share Secrets
2009
Öl auf Leinwand / oil on canvas
110 x 145 cm

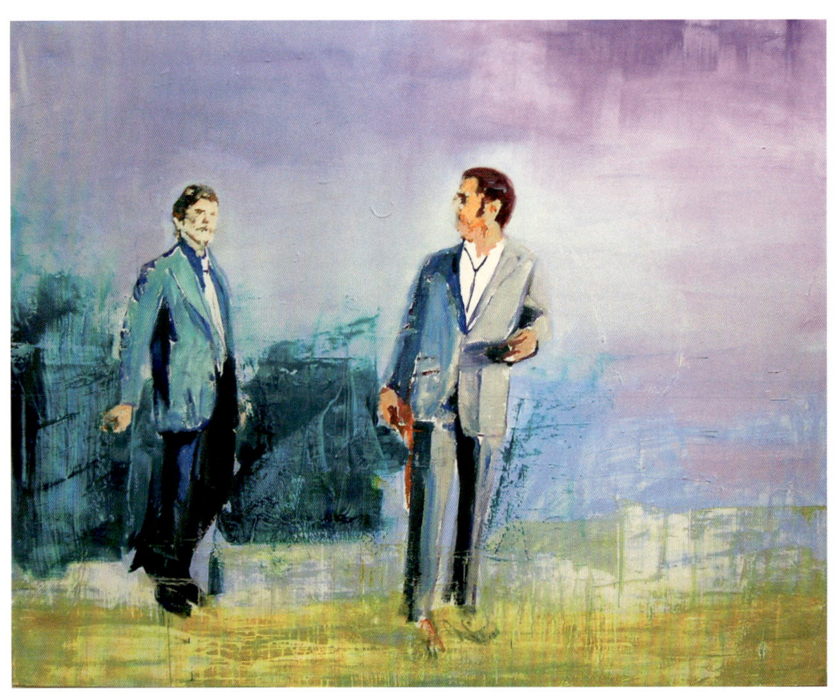

Golden Lot
2009
Öl auf Leinwand / oil on canvas
150 x 190 cm

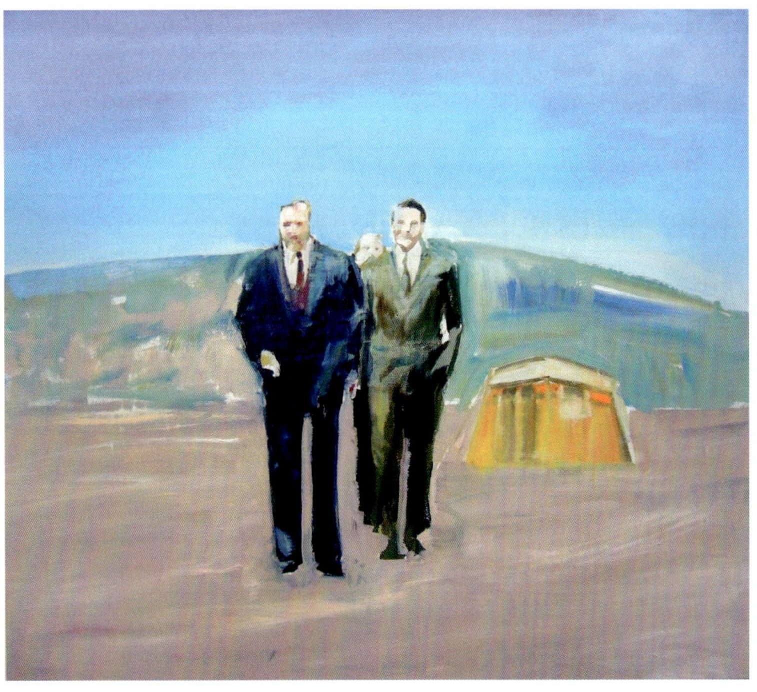

Life And Times Of Bohemians
2009
Öl auf Leinwand / oil on canvas
115 x 130 cm

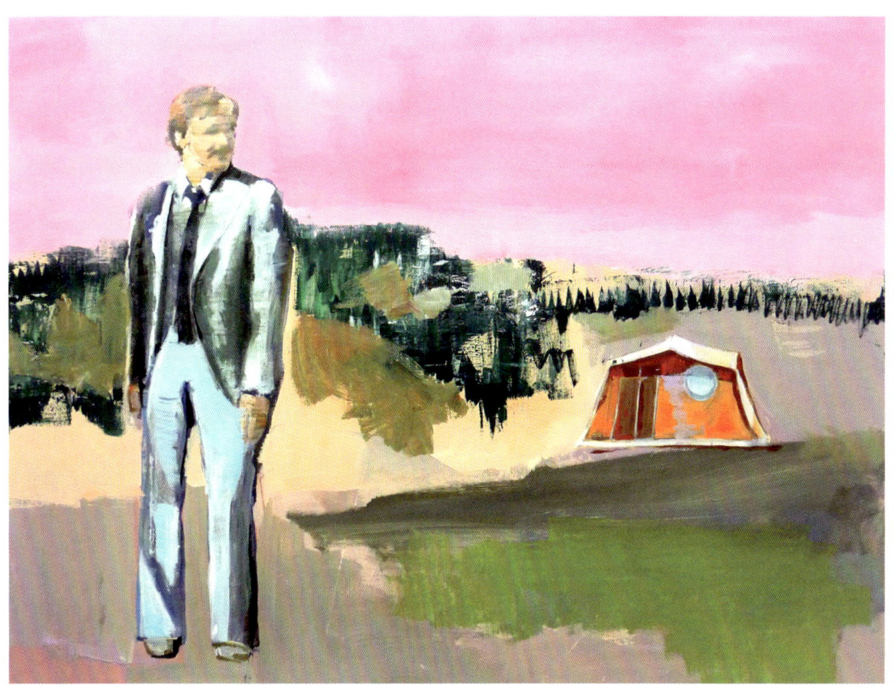

Ray's Light
2011
Liquitex auf Leinwand / liquitex on canvas
91 x 110 cm

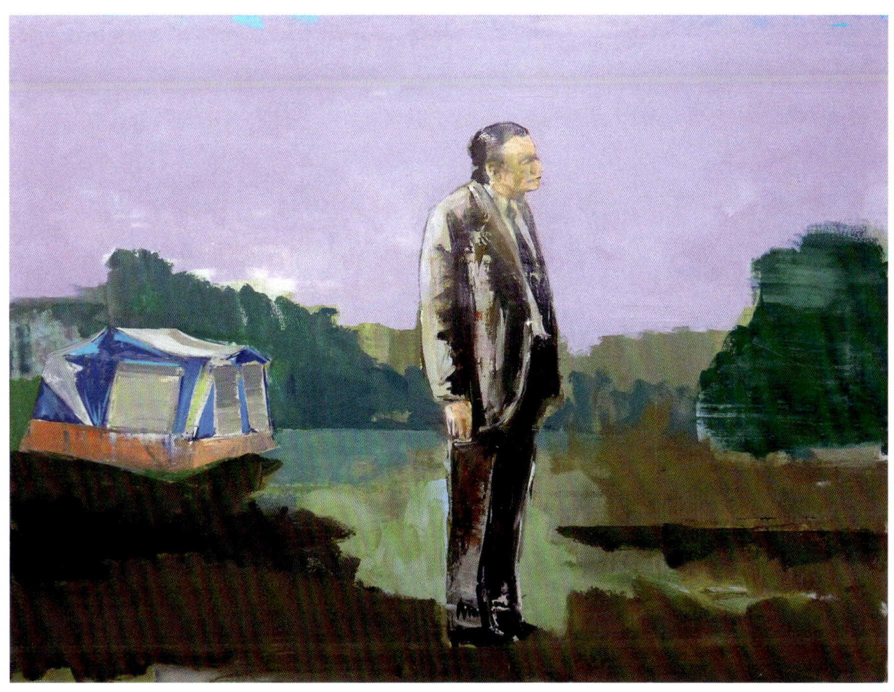

View
2011
Liquitex auf Leinwand / liquitex on canvas
91 x 110 cm

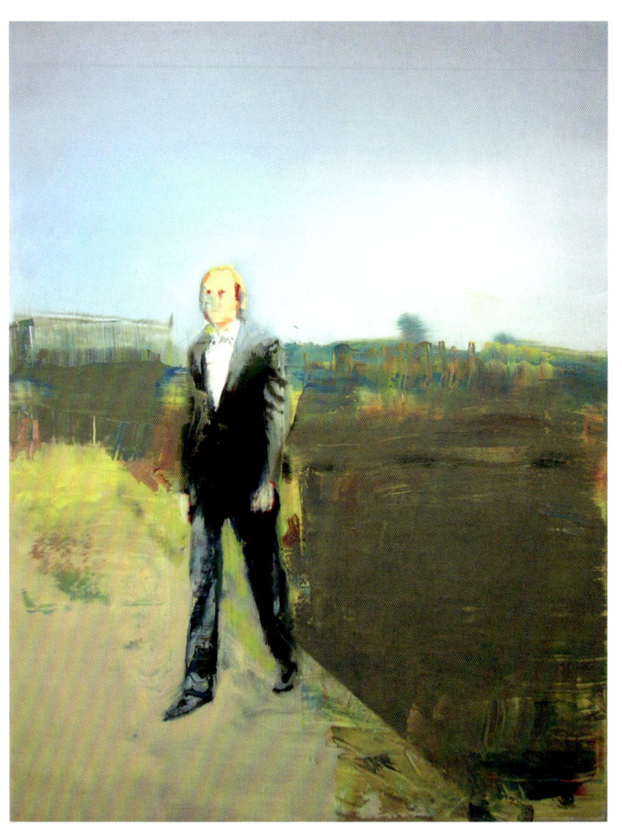

Ohne Titel
2009
Öl auf Leinwand / oil on canvas
90 x 70 cm

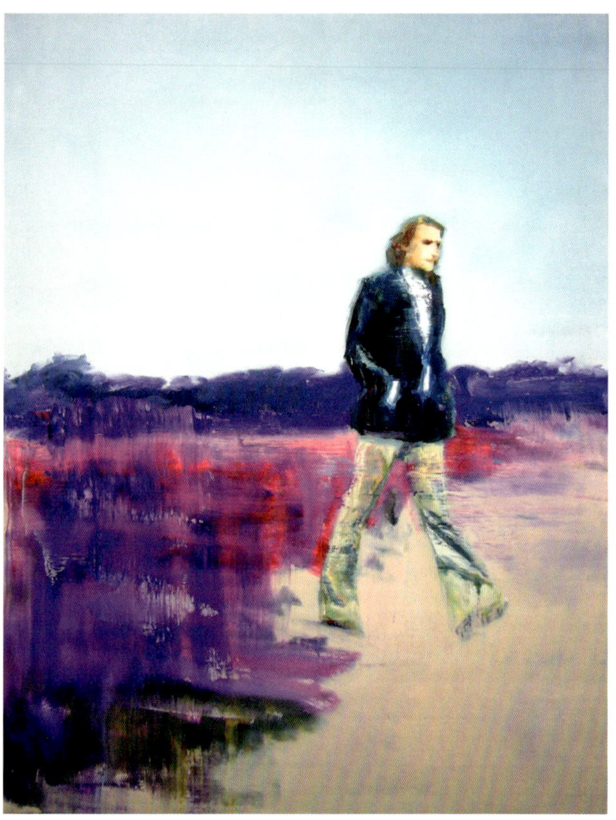

Ohne Titel
2009
Öl auf Leinwand / oil on canvas
90 x 70 cm

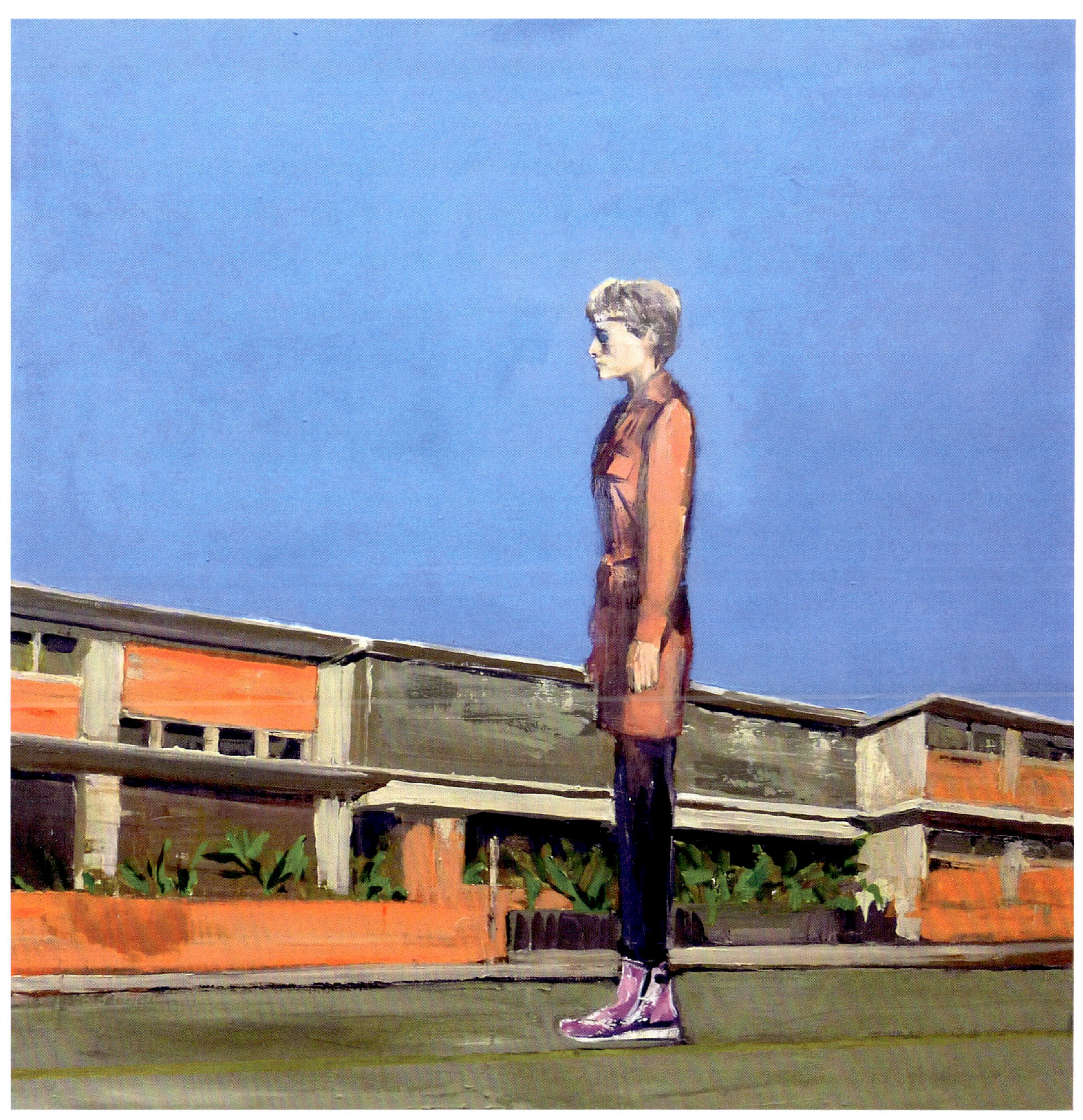

Senior Shine
2011
Liquitex auf Leinwand / liquitex on canvas
91 x 91 cm

Claus Brunsmann

Geboren 1966 in Ahaus, Westfalen / born 1966 Ahaus, Westphalia

1989–98 Studium der Freien Kunst (Malerei) an der Kunstakademie Düsseldorf bei Prof. Markus Lüpertz
und Prof. Gotthard Graubner, 1996 Meisterschüler von Prof. Jannis Kounellis / 1989—98 studied painting at the
Düsseldorf Academy of Fine Arts with Prof. Markus Lüpertz, Prof. Gotthard Graubner and Prof. Jannis Kounellis
Lebt und arbeitet in Berlin / lives and works in Berlin

AUSSTELLUNGEN (Auswahl) / SELECTED EXHIBITIONS

2012
DISTORTED MEMORIES OF NATURE, Galerie Renate Kammer, Hamburg
MARILYN IN THE ARTS, São Paulo (G)

2011
Contemporary Art Fair, Istanbul (Berlin Section/Petra Rietz Salon Galerie)
SALON DER GEGENWART, Hamburg (G)
CLAUS BRUNSMANN / MALEREI, Petra Rietz Salon Galerie, Berlin
MARILYN IN THE ARTS, Kreta / Crete (G)

2010
KATARAKT, Brunnenstraße 39, Berlin

2009
IDOLE, UNTOTE, WIEDERGÄNGER, Schackow, Hamburg
MARILYN IN THE ARTS, Städtische Galerie Neues Schloss Meersburg (G)

2008
LIONS IN MY OWN GARDEN, Ausstellungsraum Löwenstraße, Hamburg
CLAUS BRUNSMANN, Villa Van Delden, Ahaus
PREVIEW, Brunnenstraße 39, Berlin

2007
RISE, Atelierfrankfurt, Frankfurt a. M. (G)
OPERE RECENTI, Galleria Salvatore+Caroline Ala, Mailand / Milan
DER GOLDENE SCHNITT, Gloria-Halle, Düsseldorf (G)
APRIL SKIES, Atelier Martina Schumacher, Berlin (G)
CORSO INDIPENDENZA, Winklhofer-Bianchini, Düsseldorf

2003 – 2004
CLAUS BRUNSMANN "Unterwegs nach Pro-Life", Galleria Salvatore+Caroline Ala, Mailand / Milan

2000
CLAUS BRUNSMANN, Galleria Salvatore+Caroline Ala, Mailand / Milan

1998
CLAUS BRUNSMANN, Galleria Salvatore+Caroline Ala, Mailand / Milan

1997
MEISTERSCHULE, Galleria Salvatore+Caroline Ala, Mailand / Milan (G)
CLAUS BRUNSMANN, Villa Van Delden, Ahaus
15 +15, Capitale della Cultura Europea 1997, Thessaloniki (G)
STUDENTEN DER KUNSTAKADEMIE DÜSSELDORF, Museo di Arte Moderna, Belgrad / Belgrade (G)
VIERTER STOCK, CLAUS BRUNSMANN + EVA SCHWAB, Johanneskirche, Düsseldorf (G)

1996
KLASSE KOUNELLIS, Galerie der Kunstakademie Den Haag (G)
FIELD, Künstlerforum, Bonn (G)

(G) Gruppenausstellung / group exhibition

IMPRESSUM / IMPRINT

Dieser Katalog erscheint anlässlich der Ausstellung:
This catalogue is published on the occasion of the following exhibition:

Claus Brunsmann / DISTORTED MEMORIES OF NATURE
Galerie Renate Kammer, Hamburg, 28.09. — 27.10.2012

Herausgeber / Editors: Esther Schulte, Alexander Sairally
Redaktion / Editorial staff: Esther Schulte, Alexander Sairally
Texte / Texts: Alexander Sairally, Stefan Winter
Lektorat / Copyediting: Henri d'Altona
Übersetzungen / Translations: Sean Gallagher
Gestaltung / Design: De Gribaldy & Cie.
Projektmanagement / Project Management, **Kerber Verlag**: Katrin Günther

Die Deutsche Nationalbibliothek verzeichnet diese Publikation in der Deutschen Nationalbibliografie;
detaillierte bibliografische Daten sind im Internet über http://dnb.d-nb.de abrufbar.
The German National Library lists this publication in the German National Bibliography;
detailed bibliographic data is available on the Internet at http://dnb.d-nb.de.

Gesamtherstellung und Vertrieb / Printed and published by:
Kerber Verlag, Bielefeld
Windelsbleicher Str. 166–170
33659 Bielefeld
Germany
Tel. +49 (0) 5 21/9 50 08-10
Fax +49 (0) 5 21/9 50 08-88
info@kerberverlag.com

Kerber, US Distribution
D.A.P., Distributed Art Publishers, Inc.
155 Sixth Avenue, 2nd Floor
New York, NY 10013
Tel. +1 (212) 627-1999
Fax +1 (212) 627-9484

KERBER-Publikationen werden weltweit in führenden Buchhandlungen und Museumsshops angeboten (Vertrieb in
Europa, Asien, Nord- und Südamerika). / KERBER publications are available in selected bookstores and museum shops
worldwide (distributed in Europe, Asia, South and North America).

Fotonachweis / Picture credits: Thomas Nitz, Berlin, Emil Zander, Düsseldorf
© 2012 Claus Brunsmann, Berlin
© 2012 Kerber Verlag, Bielefeld/Berlin und Autoren / and authors

ISBN 978-3-86678-767-4
www.kerberverlag.com

Printed in Germany

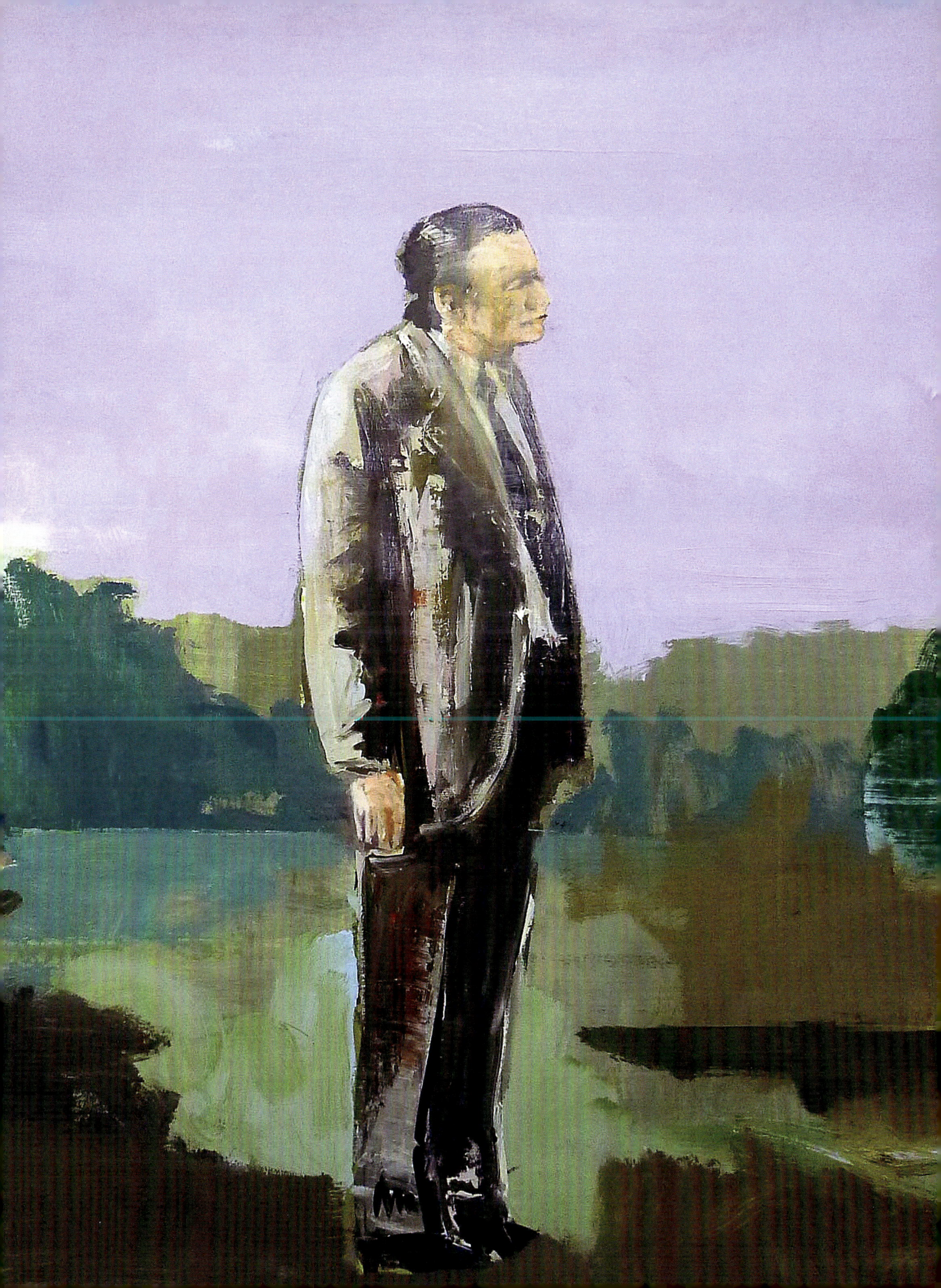

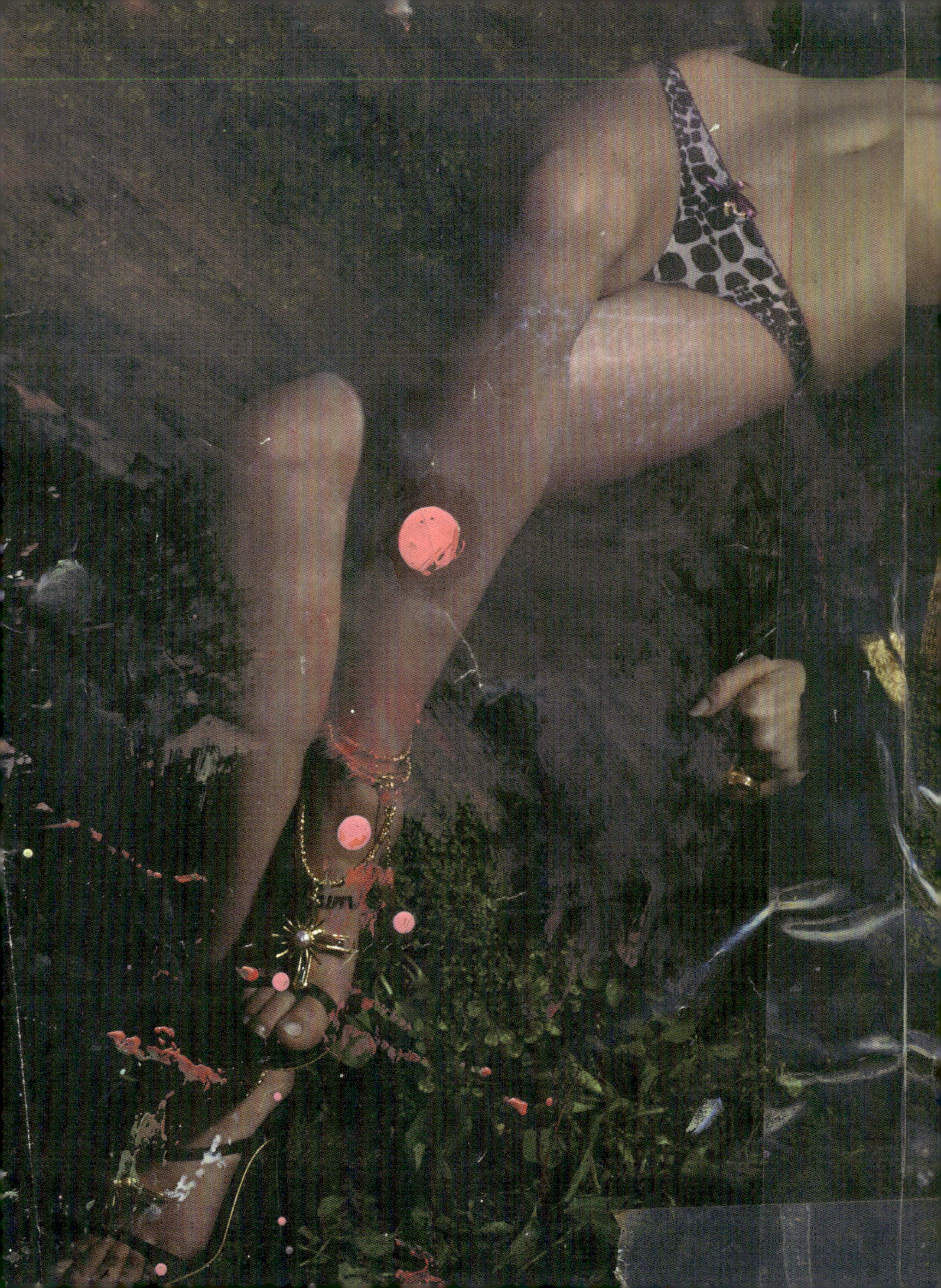

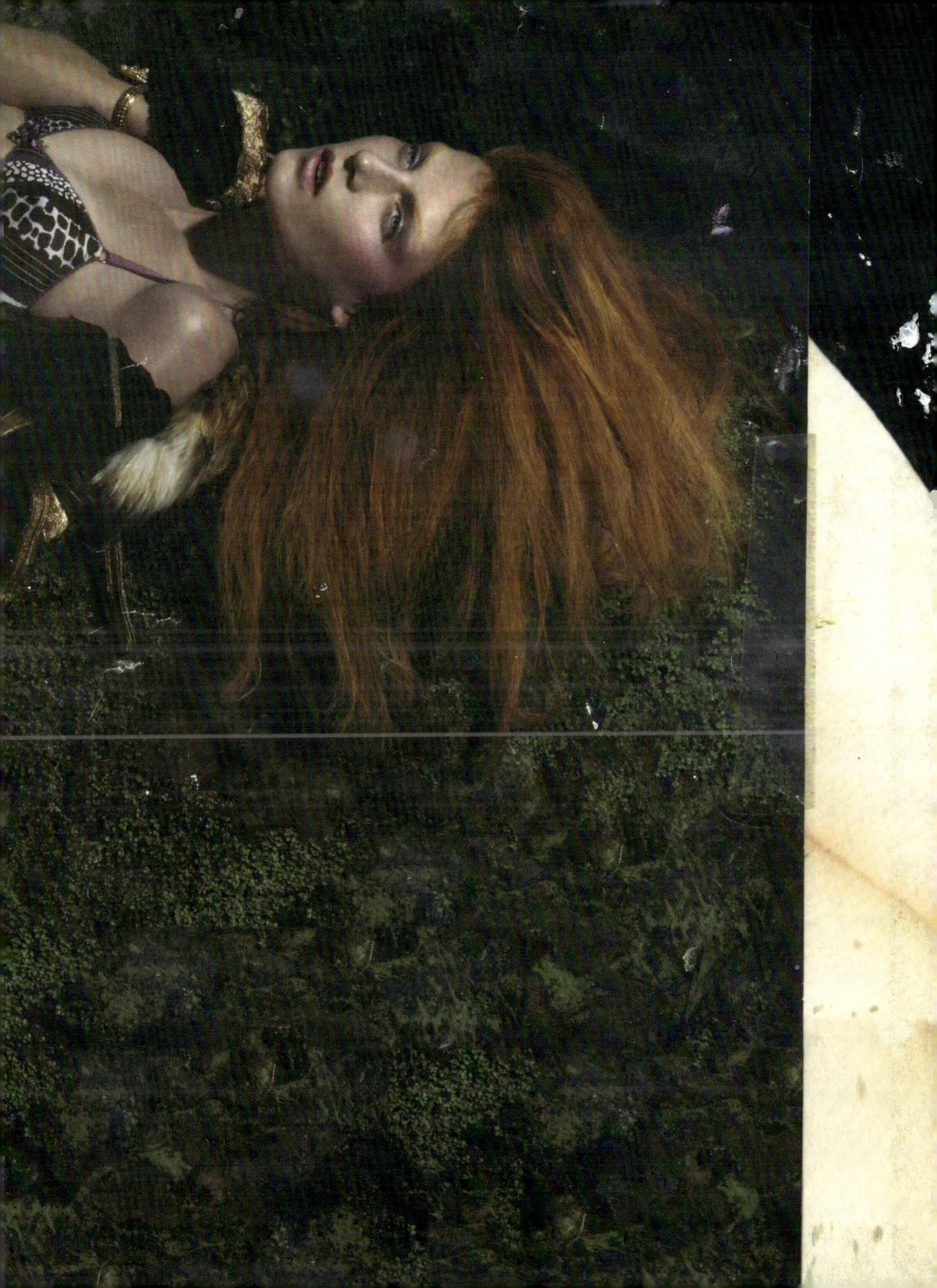

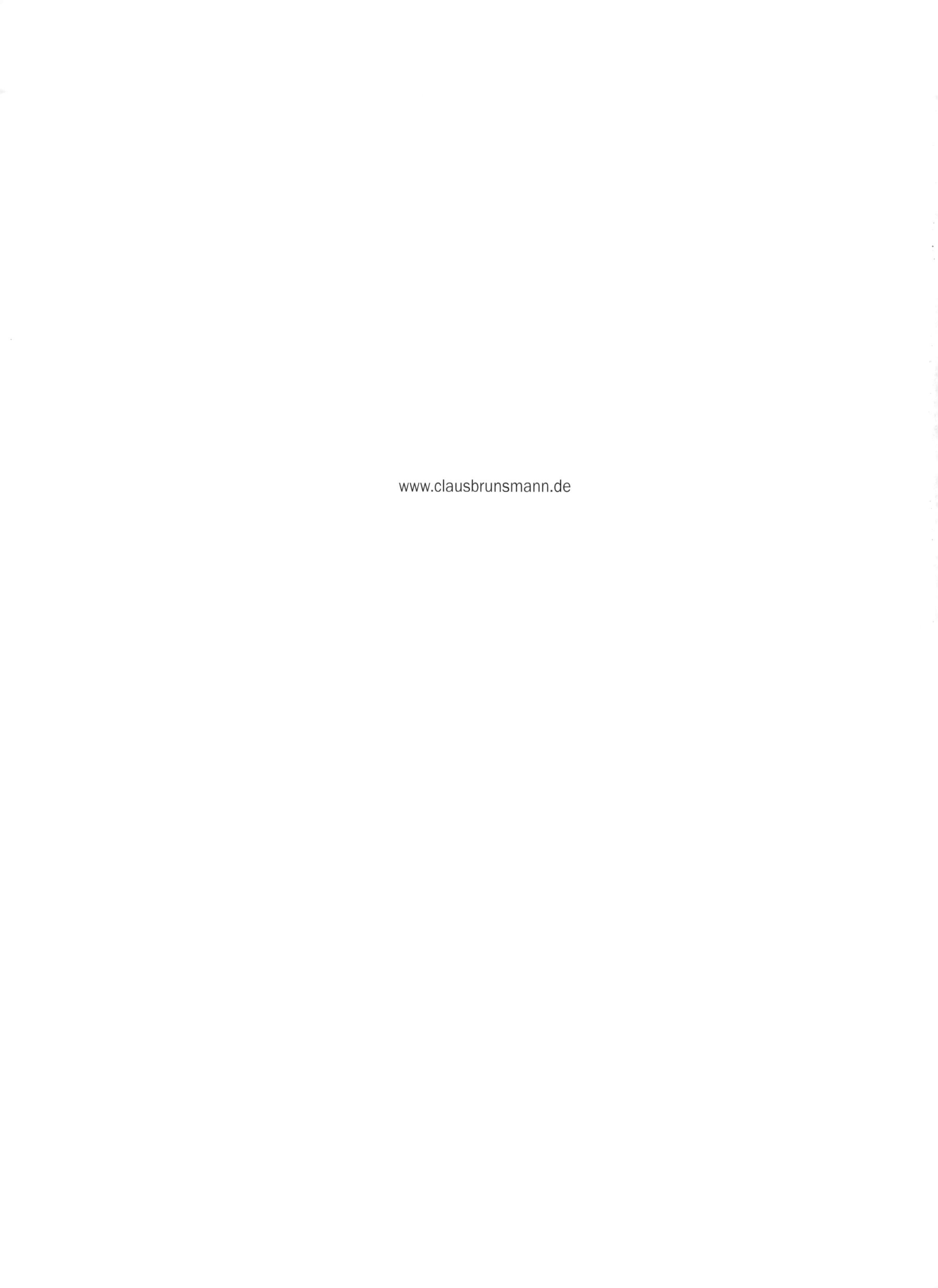

www.clausbrunsmann.de